中国税法:回顾与展望

(2016—2017)

王冬生 著

2017年·北京

图书在版编目(CIP)数据

中国税法:回顾与展望:2016—2017/王冬生著.—北京:商务印书馆,2017
ISBN 978-7-100-13724-9

Ⅰ.①中⋯　Ⅱ.①王⋯　Ⅲ.①税法－研究－中国－2016－2017　Ⅳ.①D922.220.4

中国版本图书馆 CIP 数据核字(2017)第 092199 号

权利保留,侵权必究。

中国税法:回顾与展望
(2016—2017)
王冬生　著

商 务 印 书 馆 出 版
(北京王府井大街 36 号　邮政编码 100710)
商 务 印 书 馆 发 行
北京市艺辉印刷有限公司印刷
ISBN 978-7-100-13724-9

2017 年 6 月第 1 版　　开本 787×960　1/16
2017 年 6 月北京第 1 次印刷　印张 14 1/4
定价:38.00 元

目　　录

营改增专题

1. 营改增如何减轻税负　　　　　　　　　　　　　　/ 3
2. 如何认识营改增的减税效应　　　　　　　　　　　/ 5
3. 营改增与定价策略　　　　　　　　　　　　　　　/ 8
4. 营改增的结束与增值税改革的继续　　　　　　　　/ 10
5. 营改增问答：进项税抵扣的能与不能　　　　　　　/ 13
6. 金融业增值税：贷款服务的征收与抵扣　　　　　　/ 20
7. 金融业营改增：金融商品转让的增值税　　　　　　/ 28
8. 金融业营改增：统借统还的增值税　　　　　　　　/ 35
9. 营改增：价格的上涨与下降　成本的增加与减少　　/ 40
10. 金融商品持有期间和持有到期的增值税　　　　　 / 45
11. 房地产企业重大利好：土地价款扣除限制放宽　　 / 49
12. 业务决定税务：从几项服务的适用税目说起　　　 / 53

流转税

13. 不动产销售增值税：不同的纳税主体与不同的纳税方法　　/ 61
14. 差额征税如何开具增值税专票？　　/ 71
15. 劳务派遣增值税：计税方法与发票开具　　/ 74
16. 债券增值税：利息的计提和收到　价差的全价和净价　　/ 79
17. 融资租赁增值税：政策、筹划、开票　　/ 84
18. 增值税的税负问题　　/ 90
19. 增值税的混合销售和兼营　　/ 100
20. 似是而非的六个增值税问题　　/ 107
21. 免税扩围：同业往来与金融商品转让的增值税免税　　/ 114
22. 内销选择性征收关税　地域范围进一步扩大　　/ 120
23. 限售股转让的营业税和增值税：是否征收　如何征收　　/ 125
24. 发卡与刷卡的增值税：征收与开票　　/ 130
25. 不动产经营租赁增值税：税额计算与纳税申报　　/ 136
26. 增值税发票：开具、抵扣、作废、红字　　/ 140
27. 土增税清算　所得税退还　　/ 152

企业所得税

28. 企业所得税汇算清缴：认识、法规、报表、管理　　/159
29. 高新技术企业认定：新标准　新程序　　/169

税收专题

30. 股权激励的税收优惠和方案设计　　/177
31. 上市公司并购重组中的涉税问题：机会与风险　　/190

税收征管

32. 大企业税收管理的三个转变　　/201
33. 不动产和建筑业的纳税地点和主管税局　　/210

展 望

34. 营改增之后的增值税改革探讨　　　　　　　　　／219

营改增专题

1. 营改增如何减轻税负

营改增是一项减税措施，许多纳税人也感受到了税负的降低。那么，营改增是如何减轻纳税人税负的？

营改增之所以可以减税，是因为消除了营业税和增值税并存导致的重复征税。从理论上分析，营业税和增值税并存，导致增值税抵扣链条中断，无论是营业税纳税人还是增值税纳税人，都被重复征税，导致税负加重。营改增，就是将断裂的链条，重新连接起来，让原营业税纳税人可以抵扣自己的进项税，让原增值税纳税人抵扣购进服务的进项税，让所有纳税人都只对自己的增值额纳税，以消除重复征税，降低税负。下面举一个例子，就可以清楚地说明营改增的减税效应。

假定有A、B、C三个纳税人，A和C是增值税一般纳税人，B是营业税纳税人。

A公司的进项税假定是0，将价款100万元、税款17万元的货物，销售给B公司，A公司应纳增值税17万元。

B公司给C公司提供服务的收入是318万元，按照5%的税率，缴纳营业税15.9万元，毛利是185.1万元（318-15.9-117）。

C公司购进服务支出318万元，销售货物收入400万元，销项税68万元，缴纳增值税68万元，毛利是82万元（400-318）。

在营改增之前，A、B、C共缴纳增值税和营业税100.9万元。营业税和增值税并存，B公司被重复征税，因为其缴纳营业税的收入318万元中，包括被征收过增值税的成本100万元和增值税进项税17万元。C公司也被重复征税了，其购进支出318万元，因为不能抵扣进项税，又被计入其增值额，征收了增值税。

如果营改增，假定B公司适用6%的税率，其含税收入还是318万元，则其不含税收入是300万元，销项税是18万元，进项税是17万元可以抵扣，应纳增值税1万元（18-17）。与营改增之前相比，B公司的税负减少了14.9万元，但毛利是200万元（300-100），增加了14.9万元。

C公司购进支出的318万元中，进项税18万元，由于可以抵扣，应纳增值税50万元（68-18）。与营改增之前相比，C公司的税负减少了18万元，但毛利是100万元（400-300），增加了18万元。

营改增之后，A、B、C共缴纳增值税68万元，与营改增之前比，税负减少了32.9万元，其中原营业税纳税人B公司减少14.9万元，原增值税纳税人C公司减少18万元，减少的税负，都变成了各自的利润。

2. 如何认识营改增的减税效应

关于营改增的减税效应，见仁见智，有的试点纳税人认为税负减少了，有的则感觉税负增加了。这种看似矛盾的说法，与看待问题的角度、方法有很大关系。

营改增之所以能起到减税效应，关键在于营改增将因营业税、增值税并存导致中断了的抵扣链条，重新连接起来；通过抵扣机制，实现只对本环节增值额征税，消除了对营业税纳税人和增值税纳税人的重复征税，从而减轻试点纳税人和原增值税纳税人的税收负担。那么，为什么有的试点纳税人感觉税负加重了呢？结合工作中遇到的案例，主要有以下原因：

一是在营改增之前采购设备造成的。以运输业试点纳税人为例，在营改增之前采购运输设备的试点纳税人，因无法抵扣设备的进项税，导致税负加重；而营改增之后采购运输设备的纳税人，之前与之后哪怕只差一天，也可以抵扣购进设备的进项税，不但税负下降，而且可能在试点之后的一段时期内，因进项税额大于销项税额，不用缴纳增值税，税负甚至可以降到零。

二是购进不均衡造成的。由于增值税实行购进扣税法，只要取得进项税发票，不论与这张发票对应的原材料使用多长时间，都可以一次性抵扣。所以，在销售均匀的情况下，购进支出不均衡，会导致不同月份税负变化较大。购进支出大、进项税多的月份，应纳税额少，甚至不用缴税，税负下降；购进支出少、进项税额少的月份，应纳税额大，税负增加。

三是改革不彻底造成的。在不动产、金融业纳入营改增试点之前，对一些不动产比重大、利息支出大的企业来说，因为无法抵扣，可能会导致税负增加。在营改增全部到位后，随着抵扣项目的增多，税负会逐步下降。

四是供应商造成的。有的供应商是小规模纳税人，无法开具增值税专用发票，导致试点纳税人无法取得进项税发票。但是小规模纳税人的一般销售价格相对低一些，试点纳税人可以弥补因没有专用发票抵扣造成的损失。

五是采购商造成的。有的试点纳税人本来可以享受增值税免税等优惠政策，但是采购商要求其开具增值税专用发票；试点纳税人为留住客户，不得不以放弃免税、转而缴税为代价，给采购商开具增值税发票，造成税负增加。

基于试点纳税人税负加重的各种原因，看待营改增对税负的影响，应该包含以下视角：

一是从纳税人整体看。营改增是一项税制改革措施，是一项宏观经济政策，评价其效果，应首先从宏观的角度、从整体的角度出发。从纳税人整体看，绝大多数纳税人税负是下降的。原增值税纳税人，由于购进营改增服务可以抵扣进项税，税负是下降的；试点纳税人中的小规模纳税人，税率由5%降到3%，税负是下降的。试点纳税人中的一般纳税人，税负增加也不应是普遍现象。

二是从改革全过程看。试点纳税人税负增加的原因之一，是改革不彻底、抵扣不完全造成的。在营改增全部到位后，随着不动产等支出纳入抵扣范围，税负也会逐步降低。

三是从固定资产更新周期看。看待试点纳税人税负变化的时间跨距，不能仅从一个月，甚至也不能从一个年度看。应当将比较税负轻重的时间，拉长到试点纳税人的固定资产更新周期，比如因在营改增之前购进运输设备导致税负增加的运输企业，其再购买运输工具时，综合算账，税负也会下降。

四是从税收之外的因素看。尽管税负增加，但原因却可能是非税收因素，比如因在市场竞争中处于不利地位，为留住客户，不得不放弃免税而去缴税。这种情况下，即使税负增加，虽不能说与营改增完全没有关系，但其不是主要因素。

五是从纳税人反映税负变化的意愿看。对于税负的变化，似乎税负增加的声音高于税负下降的声音，好像多数人税负增加了，这可能是一种错觉。税负增加的纳税人，一般会积极反映自己的感受；税负下降的纳税人，没有主动反映税负变化的积极性，就成为了沉默的大多数。如果征求纳税人的意见，是否同意退回到营改增之前，反对退回去的声音，会比目前反映税负增加的声音更大。

随着改革的推进，时间的推移，营改增的减税效应，会进一步显现；关于税负增加的反映，有望逐步减少。

3. 营改增与定价策略

营业税和增值税与价格的关系不同，营业税是价内税，增值税是价外税。价内税和价外税，绝不是文字游戏，而会直接影响收入和成本。因此，在营改增之后，试点纳税人面临着如何定价的问题，无论是销售还是采购，都存在一个含税价还是不含税价的问题。在销售时，应争取营改增之前的价格是不含税价；在采购时，应争取营改增之前的价格是含税价。这样有助于在收入不减少的同时，降低自己的成本。

一、营改增可能的减收效应

营业税是价内税，服务价格中，包含着应该缴纳的营业税。比如营改增之前，A 公司是营业税纳税人，服务收入是 106 万元，开具收入是 106 万元的营业税发票。增值税是价外税，价格中不含税。如果营改增后，A 公司向采购方收取的全部金额还是 106 万元，适用的增值税税率是 6%，则 A 公司无论是否开具增值税专用发票，其收入不再是 106 万元，而是 100 万元，另外的 6 万元是自己的销项税。营改增可能造成的减收效应，就使得营改增后如何定价，成为试点纳税人的一个现实问题。

二、销售定价：争取不含税价

为保证收入不减少，A 公司可以根据不同的采购方，采取不同的定价策略。如果购买方是可以抵扣进项税的增值税一般纳税人，则 A 公司可以争取将营改增之前的 106 万元作为不含税价，另外向采购方收取 6% 的销项税，这样就可以在不增加采购方成本的情况下，保证自己的收入不减少。

营改增之前，A 公司的收入是 106 万元，采购方的成本是 106 万元。营改增之后，A 公司将 106 万元作为不含税价，向购买方另外收取 6%，即 6.36 万元的销项税，A 公司向采购方开具价款 106 万元、税款 6.36 万元的增值税专用发票；尽管含税价由 106 万元增加到了 112.36 万元，采购方多支付了 6.36 万元，但是由于 6.36 万元可以抵扣，其采购服务的成本还是 106 万元，A 公司的收入也还是 106 万元。由于没有增加采购方的成本，争取将 106 万元作为不含税价，另外收取 6% 的增值税，在道理上讲得通，也是可行的。

当然，如果购买方是不能抵扣进项税的小规模纳税人或者营业税纳税人，在 106 万元之外，另行收取 6%，尽管没有增加自己的收入，但是将增加采购方的成本，这样难度会大一些。

三、采购定价：争取含税价

试点纳税人在营改增以后，在采购时，应尽量争取让供应商在原价格的基础上，开具增值税专用发票，以降低自己的采购成本。

比如 A 公司在营改增之前，向供应商采购服务，价格是 106 万元，供应商给 A 公司开具营业税发票，A 公司的采购成本是 106 万元。如果供应商在营改增之后，也适用 6% 的增值税税率，则 A 公司应争取营改增之前的采购价格是含税价，请供应商开具价款是 100 万元、税款是 6 万元的增值税专用发票，由于 6 万元的增值税可以抵扣，A 公司就可以将采购成本由 106 万元降到 100 万元。

总之，试点纳税人应充分认识营改增对定价策略的影响，通过恰当的定价策略，争取自己的收入不受影响、成本尽量降低。

4. 营改增的结束与增值税改革的继续

自 2016 年 5 月 1 日起，随着营改增的全面推行，营业税成为了历史，自 2012 年 1 月 1 日开始的"营改增"也随之结束。营改增是增值税改革的重要内容，营改增尽管结束了，但是增值税改革远未完成。从增值税内在要求和目前两套税法并存的现状看，增值税改革还须完成以下四项任务：简并税率、扩大抵扣、统一税制、完成立法。

一、简并税率

增值税是公认的中性税种。所谓中性税种，是指税收不影响投资者的投资选择和消费者的消费选择，便于保证不同投资的公平竞争、不同消费的公平待遇。税率档次越少，越能起到税收中性的作用；税率档次越多，选择越多，税收中性越难以保证。因此，增值税一档税率，一直是一些学者推崇的理想状态。当然，实行增值税的国家，很少有设置一档税率的，但是也很少有国家设置超过两档的多档税率。

目前我国增值税的税率有四档：17%、13%、11%、6%，如果加上 0 税率，有五档。还有两个征收率：3% 和 5%。过多的税率档次，不但导致税收扭曲投资者和消费者的选择，造成不公平竞争，也影响税款的征收。"营改增"的许多增值税纳税人，适用的税率是 6%，但是进项税率可能是 17% 或 11%，低征高扣，有可能长期不缴税。税收最主要的功能就是保证收入，在税务局分别有征收任务的情况下,如果其负责的纳税人长期不缴税,对正常的征纳关系会造成不利影响。目前的多档税率,也可以说是营改增过程中的权宜之计,从增值税自身的内在要求看,应简并税率。将目前的四档合并成两档,一档基本税率、一档低税率,是比较理想的状态。

二、扩大抵扣

目前的增值税,还有许多不能抵扣的项目,尤其是贷款利息不得抵扣,几乎影响所有的一般纳税人。增值税的征税对象是增值额,从理论上分析,在消费型增值税的情况下,增值额就是工资加利润,除人工成本外的其他与生产经营有关的支出,都应纳入抵扣范围。当然,出于保证收入的考虑,在税率不方便调整的情况下,适当限制抵扣项目,也是现实的选择。但是,利息等重大支出项目不让抵扣,相当于把利息成本计入了增值额,征收增值税,很不合理。因此,完善抵扣项目,尤其是允许将利息支出、房地产企业的拆迁支出等纳入抵扣范围,应该是完善增值税制的一项重要内容。

三、统一税制

目前的增值税实际上适用两套法规,一套是适用货物和加工、修理修配劳务的增值税条例,属于国务院发布的行政法规;一套是适用营改增服务的财税〔2016〕36号文件,属于法律效力等级更低的部门规章。今后应将两套法规统一成一套适用于所有货物和服务的增值税法规。

四、完成立法

增值税一直是第一大税种,营改增后,其第一税种的地位进一步强化。作为处理政府和纳税人分配关系的最大税种,应提高法律效力等级，由目前的部门规章、行政法规，上升到法律，由全国人大制定《中华人民共和国增值税法》，充分体现"税收法定"原则。立法的前提是税制的完善，应该在增值税制成熟完善后，再制定增值税法。

目前多档税率、限制抵扣、两套税制并行的局面，不宜长久，"营改增"的推行，加剧了增值税进一步改革的迫切性。在"营改增"运行相对平稳后，进一步深化增值税改革，就成为一个现实的问题。

5. 营改增问答：进项税抵扣的能与不能

对营改增纳税人而言，进项税抵扣是一个非常重要的问题，增值税少缴税或多缴税，多是因为进项税抵扣造成的。本文根据《财政部国家税务总局关于全面推开营业税改征增值税试点的通知》（财税〔2016〕36号，以下简称36号文）及有关法规的规定，分析进项税抵扣的有关问题，包括以下10个方面：

一、进项税抵扣的条件和逻辑

二、哪些进项税不能抵扣

三、进项税不能抵扣的原因

四、进项税转入——不能抵扣到能抵扣

五、进项税转出——能抵扣到不能抵扣

六、不得抵扣进项税的划分

七、进项税抵扣的风险——多抵扣

八、进项税抵扣的风险——少抵扣

九、进项税抵扣的经济效应

十、进项税抵扣风险的控制

一、进项税抵扣的条件和逻辑

（一）进项税抵扣的条件

进项税抵扣应具备三个条件：一是取得营改增之后的抵扣凭证；二是在规定时间内抵扣；三是认证通过。

抵扣凭证包括：增值税专用发票、海关进口增值税专用缴款书、农产品收购发票或销售发票、解缴税款的完税凭证。解缴税款的完税凭证，是指扣缴境外单位或个人的增值税时，自税务机关取得的完税凭证。抵扣凭证的开具时间必须在2016年5月1日及之后。

在规定时间内抵扣，是指在开票之日起180天内，认证通过后抵扣。如果超过180天，需要层报税务总局认证通过后抵扣。

认证通过是指在税局的增值税发票管理系统中，经过比对，确认发票及其载明的信息是真的，能保证开票方申报缴纳相应的销项税，才允许抵扣。

（二）进项税抵扣的逻辑

进项税抵扣的逻辑是：

1. 是否可以抵扣

取得可抵扣凭证后，首先区分是否可以抵扣。

2. 不能抵扣到能抵扣

取得抵扣凭证时不能抵扣，但是以后能抵扣。

3. 能抵扣到不能抵扣

取得抵扣凭证时能抵扣，并且已经抵扣，以后又不能抵扣。

4. 如何准确计算当期可以抵扣的进项税

每期申报时，需要做以下三项工作：

一是首先区分当期取得的进项税能否抵扣；

二是检查是否有以往不能抵扣，但是本期又可以抵扣的进项税，如果有，进项税转入；

三是检查是否有以往能抵扣并已经抵扣，但是本期又不能抵扣的进项税，如果有，进项税转出。

二、哪些进项税不能抵扣

根据36号文的规定，进项税不能抵扣，分为四种情况：用于某些特定项目；与非正常损失有关；购进特定服务；财政部和税务总局规定的其他情形。

（一）用于某些特定项目

购进的货物、劳务、服务、无形资产和不动产，如果用于以下项目，则相应的进项税不得抵扣。

1. 用于简易计税方法计税项目；
2. 用于免征增值税项目；
3. 用于集体福利和个人消费。交际应酬费属于个人消费。

上述进项税，如果是固定资产、无形资产、不动产的进项税，必须是专门用于上述项目的，才不可以抵扣；如果是混用的，即也用于应税项目，则进项税可以全额抵扣。

（二）与非正常损失有关

与非正常损失有关的以下进项税不得抵扣：

1. 与非正常损失的购进货物有关的进项税；
2. 与非正常损失的在产品、产成品所耗用的货物有关的进项税，货物不包括固定资产；
3. 与非正常损失的不动产有关的进项税；
4. 与非正常损失的不动产在建工程有关的进项税。

非正常损失，是指被盗、丢失、霉烂变质，以及因违法被依法没收、销毁、拆除。需要指出的是，因着火造成的损失，不属于非正常损失。

有关的进项税，包括所有相关的进项税。以在建工程为例，相关的货物、设计服务、建筑服务等都不得抵扣。

（三）购进特定服务

购进以下服务的进项税不得抵扣：

旅客运输服务、贷款服务、餐饮服务、居民日常服务和娱乐服务。

购进贷款服务不能抵，意味着支付银行贷款利息的进项税不得抵扣。

餐饮服务不能抵扣，但是住宿服务没规定不让抵扣，意味着住宿取得的进项税发票可以抵扣。

（四）财政部和税务总局规定的其他情形

目前主要是纳税人2016年5月1日之后取得的不动产和不动产在建工程，进项税分两年抵扣，第一年抵扣60%，第二年抵扣40%。不是绝对不让抵扣，而是分期抵扣，其作用在于缓解对税收收入的冲击。

三、进项税不能抵扣的原因

在理解不能抵扣的原因之前，我们先分析，为什么可以抵扣进项税？其原因在于，购进货物或服务后，纳税人销售货物或服务，有相应的销项税与进项税匹配，才允许进项税抵扣。

但是，与简易计税、免税项目、非正常损失有关的进项税，都不会有相应的销项税与其匹配，所以，不允许抵扣。

至于购进其他服务不许抵扣，购进固定资产和不动产分期抵扣，可能主要原因是保证收入。

四、进项税转入——不能抵扣到能抵扣

进项税转入，是指纳税人购入的，因专用于免税项目、简易征收项目而不能抵扣进项税的固定资产、无形资产、不动产，如果用途改变，比如也用于允许抵扣进项税的应税项目，则可在改变用途

的次月，抵扣相应的进项税，具体按照下列公式计算：

可以抵扣的进项税额＝固定资产、无形资产、不动产净值÷（1+适用税率）×适用税率

净值是指按照会计制度计提折旧或摊销后的余额。应有合法有效的增值税扣税凭证。

为了尽量扩大抵扣，纳税人购进固定资产、无形资产和不动产时，最好不要专用于免税项目和简易征收项目，而是与应税项目混用，这样就可以抵扣进项税。如果只能专用于免税项目和简易征收，也应在取得发票后，及时认证，但是暂不抵扣，为以后抵扣提供便利。

五、进项税转出——能抵扣到不能抵扣

进项税转出，是指已经抵扣了进项税，但是又发生了不得抵扣的情形，应当将相应的进项税，自当期进项税中扣减；无法确定进项税的，按照实际成本计算应扣减的进项税额。举例如下：

A公司2016年1月购进一批原料，进项税是60万元，在2月申报1月增值税时，全额抵扣了；但是在3月份原料被盗，与被盗的原料对应的进项税是10万元，由于这10万元不会再产生与之匹配的销项税，所以这10万元不得抵扣；由于在2月申报时抵扣的60万元中，包含着不得抵扣的10万元，所以，应自3月其他可以抵扣的进项税中，转出10万元。

如果用于应税项目的固定资产、无形资产和不动产，在抵扣进项税后，又专门用于免税项目、简易征收项目或被依法拆除，也应计算不得抵扣的进项税。按下列公式计算：

不得抵扣的进项税额＝固定资产、无形资产或不动产净值×适用税率

如果该转出的不转出，则会少缴增值税，将留下极大的隐患。为避免已经抵扣进项税的固定资产、无形资产、不动产再作进项税转出，纳税人应尽量维持固定资产用于应税项目。

六、不得抵扣进项税的划分

纳税人应该按照进项税抵扣的规定，及时区分不得抵扣的进项税。如果实在无法区分，按照下列公式计算不得抵扣的进项税：

不得抵扣的进项税额＝当期无法划分的全部进项税额×（当期简易计税方法计税项目销售额＋免征增值税项目销售额）÷当期全部销售额

主管税局可按照上述公式，依据年度数据对不得抵扣的进项税额进行清算。

七、进项税抵扣的风险——多抵扣

从上述规定可以看出，进项税抵扣的风险之一是多抵扣，一是抵扣了不该抵扣的进项税；二是该作进项税转出时，没有转出。

多抵扣进项税，导致纳税人少缴增值税。

八、进项税抵扣的风险——少抵扣

进项税抵扣的另一风险是少抵扣，一是该抵扣的，没有抵扣，例如没有在开票之日起180天之内认证通过，导致不能抵扣。二是该作进项税转入时，没有及时转入。

少抵扣进项税，导致纳税人多缴增值税。

九、进项税抵扣的经济分析

进项税抵扣的好处有两个：一是降低成本，二是缓解现金流压力。

进项税是纳税人自己在购进货物或服务时，支付给对方的，是自己花的钱，如果不能抵扣，则不能抵扣的进项税计入成本。能抵扣没有抵扣，则降低成本的好处也主动放弃了。

纳税人抵扣进项税，可以少缴税款，缓解现金流压力。

十、进项税抵扣风险的控制

为控制进项税抵扣的风险，纳税人应健全抵扣机制，包括制定发票管理制度、纳税申报流程制度等。通过制定发票管理制度，防止出现该取得发票没有取得发票、该及时抵扣没有及时抵扣的情况发生。通过纳税申报流程制度，及时发现应该作进项税处理的事项，该转出就及时转出，该转入就及时转入，防止多抵扣或少抵扣情况的发生。

6. 金融业增值税：贷款服务的征收与抵扣

在本次纳入营改增试点的四大行业中，金融业的贷款服务，也许是涉及面最广的应税服务。不管是否为金融企业，只要将资金贷与他人使用或取得利息性质的收入，都要按照贷款征收增值税。只要有贷款利息支出，都要遵守利息支出不得抵扣进项税的规定。因此，贷款服务的增值税，值得所有增值税人关注。

本文结合《财政部国家税务总局关于全面推开营业税改征增值税试点的通知》（财税［2016］36号，以下简称36号文）和《财政部国家税务总局关于进一步明确全面推开营改增试点金融业有关政策的通知》（财税［2016］46号）及有关规定，重点分析贷款服务增值税的征收和抵扣等问题。具体包括以下问题：

一、贷款范围

二、贷款利息收入增值税纳税人

三、贷款利息收入的确认和例外

四、贷款利息收入增值税的计算

五、贷款利息收入增值税发票开具

六、贷款利息支出进项税不得抵扣

七、贷款服务增值税免税优惠

八、自境外取得贷款利息征税

九、向境外支付贷款利息扣税

十、贷款利息潜在的增值税风险

十一、贷款与存款的区别

一、贷款范围

贷款服务，是金融服务的组成部分，根据36号文附件一的税目注释，金融服务包括：贷款服务、直接收费金融服务、保险服务和金融商品转让。

贷款服务包括以下三种情况：

（一）常规贷款服务

将资金贷与他人使用而取得利息收入的业务活动。

（二）视同贷款服务

视同贷款服务包括：各种占用、拆借资金取得的利息及利息性质的收入，按照贷款服务缴纳增值税。具体包括：

1. 金融商品持有期间（含到期）利息收入。利息收入包括名称各异的保本收益、报酬、资金占用费、补偿金等；

2. 信用卡透支利息收入；

3. 买入返售金融商品利息收入；

4. 融资融券利息收入；

5. 融租性售后回租利息收入；

6. 押汇、罚息、票据贴现、转贷等业务利息收入。

金融商品的范围非常广泛，包括外汇、有价证券、非货物期货、基金、信托、理财产品等各类资产管理产品和各类金融衍生品。

（三）名股实贷服务

以货币资金投资，但是收取固定利润或保底利润，也按照贷款服务缴纳增值税。

二、贷款利息收入增值税纳税人

贷款利息收入纳税人，包括所有取得贷款利息收入的企业和个人，绝不仅仅限于银行等金融机构。具体包括以下几类：

（一）发放贷款的银行及非银行金融机构；

（二）发放贷款的各类企业和个人；

[不管是否有权利发放贷款，发放的方式是否合规。]

（三）因购买理财产品等金融工具，取得各类利息性质收入的单位和个人；

（四）不承担风险，收取固定或保底利润的股东。

三、贷款利息收入的确认和例外

发放贷款的企业什么时间确认利息收入？应该在合同约定的结息日确认利息收入，并产生纳税义务，在结息日所在纳税申报期结束的下个纳税申报期，申报缴纳增值税。

但是，如果发生债务人不按时归还借款的情况，金融企业有例外的规定。即：金融企业发放贷款后，自结息日起 90 天内发生的应收未收利息按规定缴纳增值税；自结息日起 90 天后发生的应收未收利息，暂不缴纳增值税，待实际收到利息时，再缴纳增值税。

但享受这一待遇的，目前仅限于银行、信用社、信托投资公司、财务公司。

四、贷款利息收入增值税的计算

根据 36 号文，金融服务的增值税税率是 6%。

（一）一般纳税人的计算

如果是一般纳税人，无论是金融企业还是非金融企业，当期的利息收入，应按照一般计税方式，计算利息收入的销项税，与其他收入的销项税一起，抵扣可以抵扣的进项税之后，计算应纳增值税额。

比如，A 公司将资金贷给 B 公司使用，2016 年 5 月，取得利息收入80万元，因持有铁路债券取得利息收入26万元，5月的利息总收入是106万元。利息收入的销项税是：

106÷（1+6%）×6%=6万元

这6万元销项税并入总的销项税额，一起计算应纳税额。

需要特别指出的是，只要是一般纳税人，即使利息收入没有超过500万元，也要根据一般计税方式，按照6%的税率，计算销项税额。

（二）小规模纳税人的计算

如果是小规模纳税人，则按照利息收入和3%的征收率计算应纳税额。

假定A公司是小规模纳税人，2016年5月取得利息收入10万元，取得咨询收入30万元。则当月应纳增值税是：

（10+30）÷（1+3%）×3%=1.165万元

五、贷款利息收入增值税发票开具

一般纳税人取得贷款利息收入时，可以给债务人开具增值税专用发票，当然，也应可以开具增值税普通发票。

假定A公司自B公司取得利息收入106万元，A公司可以开具利息收入100万元、销项税6万元的增值税专用发票。

小规模纳税人取得贷款利息收入，开具增值税普通发票，也可以请税局代开增值税专用发票。

假定A公司自B公司取得利息收入103万元，A公司可以请税局代为给B公司开具利息收入100万元、增值税3万元的增值税专用发票。

六、贷款利息支出进项税不得抵扣

根据36号文附件一第27条的规定，购进贷款服务的进项税，不得自销项税额中抵扣。因此，支付贷款利息的纳税人，即使自银行或其他债权人处取得增值税专用发票，贷款也用于增值税应税项目，也不得抵扣贷款利息支出的进项税。

不但利息支出的进项税不得抵扣，与该笔贷款直接相关的投融资顾问费、手续费、咨询费等费用，其进项税均不得抵扣。这就堵死了纳税人通过其他名目绕过利息支出不能抵扣限制的途径。

七、贷款服务增值税免税优惠

贷款服务增值税的免税，包括以下两种：

（一）列举的贷款利息收入免税

包括以下贷款利息：

1. 金融机构农户小额贷款，小额贷款是指贷款余额10万元以下；
2. 国家助学贷款；
3. 国债、地方政府债；
4. 人民银行对金融机构贷款；
5. 住房公积金管理中心个人住房贷款。

（二）统借统还贷款利息

企业集团或企业集团中的核心企业及集团所属财务公司，按不高于支付给金融机构的借款利率水平或者支付的债券票面利率水平，向企业集团或集团内下属单位收取的利息。

（三）金融企业同业往来利息

金融机构同业往来，具体包括：

1. 金融机构与人民银行的资金往来业务；
2. 银行联行往来业务，同一银行系统内部不同行、处之间发生的资金账务往来业务；
3. 经人民银行批准，进入全国银行间同业拆借市场的金融机构之间的资金往来业务；

4. 金融机构之间的转贴现业务；

5. 质押式买入返售金融商品；

6. 持有开发性、政策性金融机构发行的政策性金融债券。

八、自境外取得贷款利息征税

境内银行或非银行金融机构，向境外贷款，并从境外取得贷款利息收入，增值税如何处理？征税还是免税？目前没有免税的规定，应该征税。

根据36号文附件四——《跨境应税行为适用增值税零税率和免税政策的规定》，与金融服务有关的只有一项：为境外单位之间的货币资金融通及其他金融业务提供的直接收费金融服务，且该服务与境内的货物、无形资产和不动产无关，可以免征增值税。

因此，现行法规中，没有对来自境外的贷款利息收入免税的规定，如果税局征税，是有法律依据的。

但是，给境外提供的服务，一般是免税或零税率，因此，不排除以后对境外利息收入免征增值税的可能。

九、向境外支付贷款利息扣税

境内的借款人向境外支付贷款利息时，由于金融服务的购买方在境内，境外的债权人有在中国缴纳增值税的义务；由境内的借款方在债权人发生纳税义务时，履行代扣代缴增值税义务。

应扣缴增值税 = 支付的利息 ÷ （1+6%） × 6%

需要指出的是，即使支付的利息不到500万元，也不能按照3%扣缴增值税，必须按照金融业的6%扣缴。境外的增值税纳税人不适用3%的征收率。

应该在境外债权人发生纳税义务时扣缴，而不是实际支付时扣缴。纳税义务发生的时间，一般是合同约定的结息日或应支付利息的时间。

十、贷款利息潜在的增值税风险

对增值税纳税人而言，贷款利息可能存在以下纳税风险：

（一）少缴增值税风险

少缴增值税风险，包括以下几种可能：

1. 非金融企业忽视利息收入的纳税义务

非金融企业，可能误以为自己不是银行，利息收入不用缴纳增值税。

2. 非金融企业抵扣了银行贷款利息支出进项税

尽管贷款利息支出不能抵扣进项税，但是如果取得了增值税专用发票，也可能产生抵扣相应进项税的风险。

3. 没有扣缴支付境外贷款人利息的增值税

自境外借款时，没有及时履行扣缴境外债权人增值税的义务。

（二）多缴增值税的风险

多缴增值税的风险，主要是没有享受国债、地方债等免税的优惠。

十一、贷款与存款的区别

根据现行规定，存款利息收入不征收增值税，存款和贷款的区别在哪里？

一般来讲，吸收存款是金融企业专有的功能，非银行金融机构可以吸收单位存款，但不得面向个人吸收存款；银行可以办理面向个人的存款业务。

因此，将资金通过存款的方式，办理存款手续，存放到有吸收存款功能的银行或非银行金融机构，取得的利息收入，才是存款利息。如果将资金放到没有吸收存款功能的企业，取得利息，就是贷款利息。购买金融机构发放的各种理财财产，取得利息收入，也是贷款利息。

7. 金融业营改增：金融商品转让的增值税

　　金融商品转让，也称买卖金融工具，是许多企业存在的业务，本文结合《财政部国家税务总局关于全面推开营业税改征增值税试点的通知》(财税〔2016〕36号，以下简称36号文）及有关规定，分析金融商品转让的增值税问题，具体包括：

　　一、金融商品转让的范围
　　二、金融商品转让征收增值税的法理基础
　　三、金融商品转让增值税计算：一般规定
　　四、金融商品转让增值税计算：以股票为例
　　五、金融商品转让增值税计算：以债券为例
　　六、金融商品转让免征增值税
　　七、金融商品转让发票开具
　　八、原始股东转让股票的增值税纳税义务

一、金融商品转让的范围

36号文的税目注释，对金融商品转让的定义是：

金融商品转让，是指转让外汇、有价证券、非货物期货和其他金融商品所有权的业务活动。

其他金融商品转让，包括：基金、信托、理财产品等各类资产管理产品和各种金融衍生品的转让。

从上述定义可以看出，金融商品的范围非常宽泛，除股权投资之外的其他投资类产品，购买之后的转让，几乎都在征税范围内。

二、金融商品转让征收增值税的法理基础

对金融商品转让征收增值税的基础在于以下两点：

一是符合增值税的一般原理。增值税的征收对象是增值额，只要有增值额，就可以征收增值税。金融商品转让的投资收益，就是增值额，具备征收增值税的基础。

二是与贷款等其他金融行为的税负公平。金融商品，许多是融资工具，也是投资工具，如果不征税，会引起税负不公平。以贷款为例，如果将资金贷与他人使用征收增值税，但是转让债券不征税，则会引起两种行为的税负不公平。

三、金融商品转让增值税计算：一般规定

增值税的计算，包括计税方式、税率、销售额的确定等。

（一）金融商品转让的计税方式和税率

1. 计税方式

目前没有对金融商品转让可以简易征收的规定。因此，金融商品转让应适用一般计税方式，也就是计算销项税额，与纳税人其他销项税额一起计算总的销项税额，抵扣可以抵扣的进项税额，一并

计算当月或当季度的应纳税额。

2. 税率

金融商品转让的税率是 6%。

(二) 如何计算销售额和销项税额

计算销项税额，首先要确定销售额。根据 36 号文的规定，金融商品转让的销售额，按照卖出价扣除买入价后的余额为销售额。

1. 如何确定卖出价？

确定卖出价，应按照 36 号文关于销售额的一般规定，以转让金融商品时取得的全部价款和价外费用作为销售额。当然，符合规定的代收费用，可以不包括在内。

那么，支付的佣金等，是否可以自销售额中扣减？

答案是不应该扣减。一是因为没有扣减的规定；二是因为支付的佣金等，可以取得增值税专用发票，可以抵扣进项税。

2. 如何确定买入价？

金融商品的买入价，可以选择按照加权平均法或者移动加权平均法进行核算，选择后 36 个月内不得变更。

每次购买金融商品时，如何确定当次的价格？目前的增值税法规还没有具体的规定。但是购入方的买入价，就是转让方的卖出价，因此，投资者在购买金融商品时，支付的全部价款和价外费用，是转让方的卖出价，也应该作为购入方的买入价。有关支出，比如佣金或手续费等，如果取得了可以抵扣的增值税专用发票，应该抵扣有关的进项税，不得再从卖出价中扣减。

关于股票和债券的买入价和卖出价，下面将单独分析。

3. 如何计算销项税额

销项税额 = 销售额 ÷ (1+6%) × 6%

（三）盈亏如何互抵

转让金融商品出现的正负差，按盈亏相抵后的余额为销售额。若相抵后出现负差，可结转下一纳税期与下期转让金融商品销售额互抵，但年末时仍出现负差的，不得转入下一会计年度。

（四）全年亏损是否可以退税

在征收营业税时，如果上半年有盈利，缴纳了营业税，而下半年有亏损，整年算账是亏损的，可以申请退还营业税。增值税还可以吗？

增值税目前没有全年亏损退税的规定，所以不能申请退税。

四、金融商品转让增值税计算：以股票为例

（一）如何确定股票的买入价

确定股票买入价时，是否扣除股票持有期间的股息？增值税目前没有固定，但是可以参考营业税的规定。《关于营业税若干政策问题的通知》（财税［2003］16号，以下简称16号文）规定，股票的买入价，按照购入价减去持有期间的股息红利的余额计算确定。

（二）如何计算转让股票的销售额

假定A公司2015年4月购入一只股票，2016年5月转让。购入价是100元，持有期间取得股息5元，卖出价是120元，支付佣金和手续费2元。则计算增值税的销售额是：

销售额=120-（100-5）=120-95=25（元）

（三）如何计算销项税额

销项税额=25÷（1+6%）×6%=1.415（元）

五、金融商品转让增值税计算：以债券为例

（一）如何确定债券的买入价

在确定债券买入价时，是否要扣除持有期间取得的利息？之所

以提出这个问题，是因为《关于债券买卖业务营业税问题的公告》（国家税务总局公告2014年第50号，以下简称50号公告）明确规定，在确定购入价时，应扣除持有期间取得的利息。

但是根据营改增后的规定，不应自买入价中扣除利息。因为在征收营业税时，持有期间的利息在转让前是不征税的。但是，营改增关于贷款服务的税目注释规定，金融商品持有期间的利息收入，按照贷款服务缴纳增值税，也就是债券持有期间，只要取得利息，就应该缴纳增值税。因此，在转让债券时，不应再自购入价中扣除持有期间的利息，不然就重复征税了。当然，没有征收过营业税的利息，应该自购入价中扣减。

（二）如何计算转让债券的销售额

A公司2017年8月转让债券收入100元，该债券是2015年9月购入的，购入价是60元。2016年1月取得利息5元，利息收入没有缴纳营业税；2017年1月取得利息6元，缴纳了增值税。A公司2016年金融商品转让亏损15元，2017年8月之前，当年转让金融商品亏损15元。则转让债券的销售额是：

销售额=100－（60-5）-15=100-55-15=30（元）

（三）如何计算销项税额

销项税额=30÷（1+6%）×6%=1.7（元）

六、金融商品转让免征增值税

根据36号文的规定，下列金融商品转让免征增值税。

（一）境内个人和单位免税

1. 个人从事金融商品转让业务；

2. 证券投资基金（封闭式证券投资基金、开放式证券投资基金）管理人运用基金买卖股票、债券。

（二）境外单位和个人免税

1. 合格境外机构投资者（QFII）委托境内公司在我国从事证券买卖业务；

2. 香港市场投资者（包括单位和个人）通过沪港通买卖上海证券交易所 A 股；

3. 对香港市场投资者（包括单位和个人）通过基金互认买卖内地基金份额。

（三）境内单位买卖境外金融商品是否免税

现在也有境内单位买卖境外金融商品的行为，比如到香港市场买卖股票、债券等，是否可以免征增值税？

没有免征增值税的规定，只能征收增值税。

在征收营业税时，对于境内单位买卖境外的金融商品，有关法规的表述有点模糊，"按照规定征免营业税"，到底是征还是免，似乎不清楚。但是，对纳税人而言，只要在征税范围内，又没有免税的规定，主管税局是有权征税的。

七、金融商品转让发票开具

金融商品转让，不得开具增值税专用发票，但是可以开具增值税普通发票。当然，在实际操作时，可能有很大困难。

八、原始股东转让股票的增值税纳税义务

原始股东转让股票，是否按照金融商品转让征收增值税？

分析这个问题，我们先从转让股权是否应该征收增值税开始。

假定 A 公司持有 B 公司股权，股权成本是 100 万元，A 公司按照 150 万元的价格转让给 C 公司。B 公司不是上市公司。A 公司是否有增值税纳税义务？

（一）转让非上市股权收入和股息收入不征收增值税

营业税曾经有明确规定，转让股权不征收营业税。增值税目前没有这样明确的规定，但是从增值税的征税范围看，转让股权不在增值税征税范围内。

根据36号文《销售服务、无形资产、不动产注释》，销售服务包括：交通运输服务、邮政服务、电信服务、建筑服务、金融服务、现代服务、生活服务。转让股权最可能归入的服务是金融服务。

金融服务的范围包括：贷款服务、直接收费金融服务、保险服务和金融商品转让。转让股权最可能归入的是金融商品转让。

但是看金融商品转让的范围，不包括转让非上市公司股权。

那么，转让股权是否可以按照销售无形资产征税呢？根据税目注释，无形资产包括技术、商标、著作权、商誉、自然资源使用权和其他权益性无形资产。权益性无形资产包括基础设施资产经营权、配额权等，也不包括股权。

所以，转让股权不在增值税征税范围内。另外，股息收入不是任何一项营改增服务收入，也不在增值税征收范围内。

（二）股权变成的股票，是否在金融商品转让征税范围内

金融商品转让的销售额，是卖出价扣除买入价后的余额。股权变成的股票，不存在购买股票的过程，也不存在股票的购买价格。尽管在上市过程中，原始股权的价值会评估可折成多少股票，但实际没有购买股票的过程。

因此，尽管转让股权变成的股票，属于转让金融商品，但不属于转让金融商品征收增值税范围内。

总之，对原始股东持有股权变成的股票，在转让时按照转让金融商品征收增值税，目前缺乏税法依据。

8. 金融业营改增：统借统还的增值税

统借统还是许多大型企业资金管理的方式。为享受统借统还增值税的优惠、规避潜在的风险，需要在政策把握、合同草拟等方面予以高度重视。本文结合《财政部国家税务总局关于全面推开营业税改征增值税试点的通知》（财税〔2016〕36号，以下简称36号文）及有关规定，分析统借统还的增值税问题。具体包括以下方面：

一、统借统还的两种类型

二、统借统还利息免征增值税

三、统借统还免税政策的要点

四、两类统借方的案例分析

五、享受统借统还优惠应注意的问题

六、统借统还政策需要完善的规定

一、统借统还的两种类型

根据统借方的不同，36号文的附件三《营业税改征增值税试点过渡政策的规定》明确了统借统还的两种类型：

（一）集团或集团内核心企业作为统借方

企业集团或企业集团中的核心企业，向金融机构借款或对外发行债券取得资金后，将所借资金分拨给下属单位（包括独立核算单位和非独立核算单位），并向下属单位收取用于归还金融机构或债券购买方本息的业务。

（二）集团所属财务公司作为统借方

企业集团向金融机构借款或对外发行债券取得资金后，由集团所属财务公司与企业集团或集团内下属单位签署统借统还贷款合同并分拨资金，向企业集团或集团内下属单位收取本息，再转付企业集团，由企业集团统一归还金融机构或债券购买方。

二、统借统还利息免征增值税

统借统还业务中，企业集团或企业集团中的核心企业以及集团所属财务公司按不高于支付给金融机构的借款利率水平或者支付的债券票面利率水平，向企业集团或集团内下属单位收入的利息，可以免征增值税。

统借方向资金使用单位收取的利息，高于支付给金融机构借款利率水平或者支付的债券票面利率水平的，应全额缴纳增值税。

三、统借统还免税政策的要点

根据统借统还政策的规定，享受统借统还免税政策，需要满足以下条件：

（一）统借方的限定

统借方限于企业集团、集团内核心企业、集团所属财务公司。一般来讲，统借方只有一个。

（二）用款方的限定

如果统借方是集团或集团核心企业，用款方必须是下属单位。

如果统借方是集团内财务公司，用款方包括集团或集团下属企业。

（三）资金来源的限定

资金来源必须是金融机构借款，或发行债券募集。

（四）利率的限定

统借方收取的利息，不得高于支付的利息。

四、两类统借方的案例分析

根据上述规定，我们分析两类统借方的案例，能否适用免税待遇。

（一）统借方——集团公司

假定集团公司 A 公司，将来自金融机构或发债券募集的资金分拨给下属二级公司 B 公司，B 公司又将资金分拨给下属三级公司 C 公司。A 公司和 B 公司都没有加息。B 公司自 C 公司收取的利息是否可以免税？

因为 B 公司资金是来自集团的 A 公司，因此，严格来讲，B 公司不得享受免税政策。

如果 A 公司将资金直接分拨给 C 公司，不加息，是否可以享受免税待遇？

应该可以。因为法规没有限定下属单位必须是直接持股的下属单位。

（二）统借方——财务公司

集团 A 公司，财务公司 B 公司，集团 A 公司直接下属公司 C 公司、D 公司。C 公司直接下属 E 公司，D 公司直接下属 F 公司。

根据目前的规定，B公司将资金借给A、B、C、D、E、F，只要不加息，都可以享受免税待遇。

（三）利息加权平均是否可以

集团A公司可能同时有两笔借款，利率分别是10%和12%，然后把两笔借款混在一起，贷给下属企业。根据两笔借款的平均利率水平，比如11%，向下属企业收取利息，是不是可以说没有加息，可以免税？

风险极大。因为11%的利率高于10%的利率了，可以说加息了。

五、享受统借统还优惠应注意的问题

为充分享受统借统还增值税免税政策，建议注意以下问题：

（一）流程设计

由于统借方只有一个，因此，流程设计，必须是统借方直接与借款方签署合同。自统借方借资金后，再分拨给自己的下属单位，不是统借统还。

（二）合同签署

不加息，是一个硬条件。为体现满足这一条件，最好是自银行借一笔资金，就与下属单位签署贷款合同。不要将不同利率的资金混在一起，再与下属单位签署合同。不要因图省事影响自己享受优惠。

（三）合同条款

在合同条款中，必须明确以下问题：

一是资金来源，是来自金融机构借款，还是发债募集。

二是利率水平，明确自己支付的利率水平、向下属单位收取的利率水平。

六、统借统还政策需要完善的规定

由于目前的政策将统借方限于一个,导致二级公司自集团公司借款后再贷给下属单位时,二级公司不能享受免税待遇。因此,如果能做如下规定,政策更加合理完善。即:

自统借方取得资金后,如果不加息,再借款给自己的下属企业,收取的利息也比照统借方,则享受利息免征增值税待遇。

9. 营改增：价格的上涨与下降　成本的增加与减少

营改增之后，曾有酒店企业因向消费者另外收取 6% 的增值税，被有关部门约谈，告知不得涨价。由于营业税是价内税，增值税是价外税，导致营改增前后价格的比较这一很简单的问题，也显得有点复杂。本文试图分析营改增前后，价格的上涨与下降，成本的增加与减少。主要包括以下问题：

一、价内税与价外税的定义

二、价格变动与收入和成本的变动

三、开票类型与价格确定及价格涨跌

四、开票类型与成本确定及成本增减

五、营改增收支目标：收入不减、成本节约

一、价内税与价外税的定义

根据税收与价格的关系，将税收分成价内税和价外税，这绝不是玩文字游戏，而是有着本质的不同。

（一）价内税和价外税的定义

我们分别以营业税和增值税为例，分析价内税和价外税。

1. 价内税——营业税

税收含在价格里的，称为价内税。例如营业税，如果营业收入是 100 元，适用税率是 5%，则纳税人应从 100 元中，拿出 5 元纳税。

2. 价外税——增值税

税收不含在价格里，称为价外税。例如增值税，如果收入是 100 元，销售的货物适用税率是 17%，则应再向购买方收取 17 元的销项税。如果购买方就给 100 元，价税合计 100 元，销项税怎么计算？不是 100 元直接乘以 17%，而是将 100 元分离成不含税价：

100÷（1+17%）=85.47

销项税 =85.47×17%=14.53

将含税价分成不含税价，然后再计算销项税，这充分体现了增值税是价外税的特点。

（二）价内税和价外税的所得税区别

由于营业税是价内税，收入中含着营业税，缴纳的营业税计入"营业税金及附加"科目，所以，营业税可以在企业所得税税前扣除，计算应纳税所得时，营业税是扣除项。

由于增值税是价外税，收入中不含着增值税，所以，增值税（允许抵扣的）不得在企业所得税税前扣除。

二、价格变动与收入和成本的变动

价格变动本来是个一目了然的问题，但是由于营业税是价内税、增值税是价外税，比较价格变动就有点困难了。

价格的变动标准，有两个视角。

从销售方来看，如果收入增加了，则可以说销售价格上涨了；如果收入减少了，则可以说销售价格下降了；如果收入没变，则销售价格既没有上涨，也没有下降。

从购买方来看，如果成本增加了，则可以说购进价格上涨了；如果成本减少了，则可以说购进价格下降了；如果成本既没有增加，也没有减少，则购进价格没变。

三、开票类型与价格确定及价格涨跌

增值税发票分为普通发票和专用发票。尽管对开票方而言，在含税收入一定的情况下，开具何种发票，增值税的纳税义务是一样的，但是对受票方而言，在支出一定的情况下，取得何种发票，成本是不一样的。

我们还是以酒店为例，按照上面所述价格涨跌的判断标准，分析开具不同的发票对收入的影响。

A酒店在营改增之前，每个标准间的单价是每天1000元。顾客住宿一晚，支付1000元，取得酒店开具的1000元的营业税发票，酒店的收入是1000元。营改增后，酒店的收费和开票，可以有以下几种方式：

（一）在1000元的基础上，另外收取6%的增值税，开具专用发票

尽管比营改增之前多收了60元，但是酒店的收入还是1000元。收入没有增加，销售价格没涨。

顾客尽管多支付了60元，但取得专用发票后，可以抵扣，住宿成本还是1000元，购进成本没有增加，购进价格没涨。

（二）在1000元的基础上，另外收取6%的增值税，开具普通发票

酒店的收入还是1000元，多收的60元，作为自己的销项税。收入没有增加，销售价格没涨。

顾客取得普通发票，不能抵扣进项税，成本由1000元增加到1060元。从顾客的角度看，价格上涨了。

（三）只收取1000元，开具专用发票

酒店的收入降低为943.40元，专票的销项税是56.60元。从酒店的角度看，销售价格下降。

顾客取得专用发票后，由于可以抵扣进项税56.60元，住宿成本由1000元下降到943.40元，成本下降。

（四）只收取1000元，开具普通发票

尽管开具价税合计1000元的普通发票，但是酒店还是要计算销项税56.60元，酒店的收入由1000元减少为943.40元，销售价格下降。

顾客取得价税合计1000元的普通发票后，住宿成本还是1000元，没有变化。

四、开票类型与成本确定及成本增减

在价税合计一定的情况下，对接受发票的购买方而言，取得何种发票，如何取得发票，成本大不一样。

（一）在含税价一定的情况下，争取增值税专用发票

甲公司购进支出价税合计117元，如果取得增值税普通发票，成本是117元；如果取得价款100元、税款17元的专用发票，则成本是100元。因此，在支出价税合计一定的情况下，应尽量取得专用发票。由于对销售方而言，开具何种发票不影响其纳税义务，因此，销售方没有理由不开具专用发票。

（二）以另外支付增值税为前提，取得增值税专用发票不可取

甲公司购进支出 100 元，取得增值税普通发票，如果以另外支付 17% 的进项税为前提，才能取得增值税专用发票，就不必要专票了。因为这样不但没有降低成本，还占用了资金，自支付增值税到抵扣增值税，至少需要一个月的时间。

五、营改增收支目标：收入不减、成本节约

为维护自己的合法权益，享受营改增的减税红利，营改增之后的收支目标应该是：收入不减少、成本要节约。

为了收入不减少，销售价格，应该争取在营改增之前价格的基础上，另外收取增值税，尤其是在对方要求开具专用发票的情况下，因为没有涨价。如果在原价格基础上开具专用发票，相当于降价了，收入减少了。

为了成本节约，购进价格，应该争取在营改增之前价格的基础上，让对方开具专用发票，尤其是在对方营改增之前就是增值税纳税人的情况下。因为要求对方开具专票，并没有增加对方负担，但是降低了自己的成本。

10. 金融商品持有期间和持有到期的增值税

  金融商品的税收问题，是让许多纳税人头疼的一个问题，如持有期间的收益，是否缴纳增值税？持有到期，是否缴纳增值税？资产管理人转让金融商品，谁是纳税人？等等。本文根据《关于明确金融 房地产开发 教育辅助服务等增值税政策的通知》（财税［2016］140号，以下简称140号文）和《财政部国家税务总局关于全面推开营业税改征增值税试点的通知》（财税［2016］36号，以下简称36号文）的有关规定，分析金融商品持有期间和持有到期的增值税。包括以下问题：

一、金融商品的范围

二、金融商品持有期间的纳税义务

三、金融商品持有到期不视同转让

四、资产管理人的纳税义务和教训

五、此前已征税款可抵减以后税额

  关于金融商品转让的增值税，在《金融业营改增：金融商品转让的增值税》一文中，已有过详细的分析。

一、金融商品的范围

36号文附件一的《销售服务、无形资产、不动产注释》列举了金融商品的范围，具体包括：

外汇、有价证券、非货物期货、基金、信托、理财产品等各类资产管理产品和各种金融衍生品。

所以，凡是投资者投资的对象，除了不动产等外，几乎都属于增值税所涉及的金融商品。

二、金融商品持有期间的纳税义务

金融商品持有期间的纳税义务，包括以下几个问题：

持有期间是否有纳税义务？如果有，取得什么收入应缴税？如果有，纳税义务发生时间如何确定？

（一）持有期间的利息有纳税义务

金融商品持有期间，如果取得利息性质的收入，则持有人有增值税纳税义务。利息一般与贷款相连。

营改增金融服务中，最大的一项就是贷款服务，根据36号文的税目注释，贷款服务的定义是：

"将资金贷与他人使用而取得利息收入的业务活动。各种占用、拆借资金取得的收入，包括金融商品持有期间（含到期）利息（保本收益、报酬、资金占用费、补偿金等）收入、信用卡透支利息收入、买入返售金融商品利息收入、融资融券收取的利息收入，以及融资性售后回租、押汇、罚息、票据贴现、转贷等业务取得的利息及利息性质的收入，按照贷款服务缴纳增值税。"

（二）如何认定取得的是利息

根据上述规定，金融商品持有期间的利息应缴纳增值税。那么，如何判定持有金融商品期间取得的收入是利息呢？

140 号文规定"保本收益、报酬、资金占用费、补偿金",是指合同中明确承诺到期本金可全部收回的投资收益。金融商品持有期间(含到期)取得的非保本的上述收益,不属于利息或利息性质的收入,不征收增值税。

也就是说,如果金融商品的发行方,承诺向购买方返还全部本金,本金之外的收益就是利息。不保本的,投资人承担本金损失风险的,投资人的收益就不是利息,不征收增值税。

(三)持有期间的纳税义务发生时间

持有期间收入的纳税义务发生时间,是计提收益时就产生纳税义务,还是实际取得时才发生纳税义务?此事缺乏明确的规定,只能根据税法的基本原理分析。

由于许多投资者持有的金融商品很可能在到期前转让,如果转让,就得按照转让金融商品计算价差,缴纳增值税。转让时,在持有期间应取得但是没有取得的收益,一般是要加在价格上,计入征收增值税的价差中。因此,如果持有期间计提的收益就缴纳增值税,在转让时,计入价差再缴纳增值税,就重复征税了。为防止重复征税,持有期间,可以在实际取得收益时再缴纳增值税。

三、金融商品持有到期不视同转让

转让金融商品时,要计算价差,缴纳增值税。但是,如果持有到期,金融商品的发行方购回金融商品时,算不算投资者转让金融商品呢?

140 号文规定得非常清楚:"纳税人购入基金、信托、理财产品等各类资产管理产品持有至到期,不属于《销售服务、无形资产、不动产注释》(财税〔2016〕36 号)第一条第(五)项第 4 点所称的金融商品转让。"

也就是说,持有金融商品到期,不视同转让、不计算价差、不缴纳增值税。当然，到期时取得的利息性质的收入，还是要缴纳增值税的。

四、资产管理人的纳税义务和教训

如果信托公司用信托资金投资股票或债券，在持有或买卖时产生增值税纳税义务，纳税人是信托公司？是信托？是委托人？还是受益人？

140号文规定："资管产品运营过程中发生的增值税应税行为，以资管产品管理人为增值税纳税人。"

也就是说，信托公司在运用信托资金时产生的增值税纳税义务，信托公司是纳税人。这样规定是有道理的，因为在征收增值税时，不看纳税人的资金来源，只要取得有关收入，就产生相应的纳税义务。

当然，信托公司应将缴纳的增值税准确计入各信托，相应减少受益人的收益。

有的资产管理人，只就自己的管理费收入缴纳了增值税或营业税，没有缴纳运营过程中的增值税或营业税，被税局稽查补税。委托人和受益人也不愿意退回多得的收益，从而导致巨大损失，资产管理人应引以为戒。

五、此前已征税款可抵减以后税额

上述规定自2016年5月1日起执行，根据140号文的规定，此前已征的应予免征或不征的增值税，可抵减纳税人以后月份应缴纳的增值税。

11. 房地产企业重大利好：土地价款扣除限制放宽

房地产开发企业的支出中，很大一块是土地成本。营改增后，土地成本可以自销售额中扣减，但是土地成本是否包括拆迁支出，能否由实际开发的项目公司扣除，一直是房地产企业关心的问题。《关于明确金融 房地产开发 教育辅助服务等增值税政策的通知》（财税［2016］140号，以下简称140号文）解决了上述问题。本文结合《财政部国家税务总局关于全面推开营业税改征增值税试点的通知》（财税［2016］36号，以下简称36号文）的规定，分析如下问题：

一、扣税法与扣额法——增值税计税依据的选择

二、房地产企业土地支出的扣额法

三、土地价款可以包括拆迁等支出

四、项目公司也可以扣除土地支出

一、扣税法与扣额法——增值税计税依据的选择

增值税的计税依据是增值额，但是在计算应纳税额时，并不是如同企业所得税那样，先计算出计税依据——所得额，然后再用计税依据与税率相乘，得出应纳税额，而是通过销项税减去进项税的方法，直接得出应纳税额。

在具体操作中，分为扣税法和扣额法。

扣税法，就是发生支出时，能取得专用发票等扣税凭证，发生的进项税，直接抵扣销项税，这是常用的一种方法。

扣额法，就是在支出无法取得专用发票等抵扣凭证、无法抵扣进项税的情况下，就通过将有关支出自应税销售额中扣减的方式，解决重复征税的问题。

也就是说，扣税法，是指抵扣进项税；扣额法，是指扣减销售额。

二、房地产企业土地支出的扣额法

根据目前的土地管理办法，政府垄断土地一级市场的供应。房地产企业取得土地时，一般通过招拍挂方式，在一级市场拿地，将地价款支付给有关政府部门；政府部门开具的收款凭证，不是增值税法定的扣税凭证，只能通过扣额法解决重复征税的问题。

（一）土地支出自销售额中扣减

36号文附件二《营业税改征增值税试点有关事项的规定》在关于"销售额"的条款中规定："房地产开发企业中的一般纳税人销售其开发的房地产项目（选择简易计税方法的房地产老项目除外），以取得的全部价款和价外费用，扣除受让土地时向政府部门支付的土地价款后的余额为销售额。房地产老项目，是指《建筑工程施工许可证》注明的合同开工日期在2016年4月30日前的房地产老项目。"

（二）土地支出只能逐步扣减

尽管土地支出可以自销售额中扣减，但不能一次扣减，而是采用与收入匹配的方式，逐步扣减。《关于发布〈房地产开发企业销售自行开发的房地产项目增值税征收管理暂行办法〉的公告》（国家税务总局公告2016年第18号，以下简称18号公告）明确了具体的扣除办法：

当期允许扣除的土地价款＝（当期销售房地产项目建筑面积÷房地产项目可供销售建筑面积）× 支付的土地价款

销售额＝（全部价款和价外费用－当期允许扣除的土地价款）÷（1+11%）

（三）土地支出的定义和扣除凭证

根据18号公告，支付的土地价款，是指向政府、土地管理部门或受政府委托收取土地价款的单位直接支付的土地价款。

扣除土地价款，应当取得省级以上（含省级）财政部门监（印）制的财政票据。

土地价款，是否包括拆迁等支出？没有规定；拆迁支出的扣除没有依据。但是从道理上讲，土地支出应该包括房地产项目可以实际开发之前的所有支出，也就是取得熟地的支出。

三、土地价款可以包括拆迁等支出

140号文，扩大了土地价款的内涵，拆迁等支出，无论是支付给政府，还是支付给其他单位，都可以扣除。

（一）支付给政府的土地价款范围扩大

根据140号文，"向政府部门支付的土地价款"，包括土地受让人向政府部门支付的征地和拆迁补偿费用、土地前期开发费用和土地出让收益等。

上述支出的扣除凭证，还是政府部门出具的财政票据。

（二）支付给其他单位的拆迁费用可以扣除

房地产开发企业中的一般纳税人销售其开发的房地产项目（选择简易计税方法的房地产老项目除外），在取得土地时向其他单位或个人支付的拆迁补偿费用也允许在计算销售额时扣除。

纳税人扣除上述拆迁补偿费用时，应提供拆迁协议、拆迁双方支付和取得拆迁补偿费用凭证等能够证明拆迁补偿费用真实性的材料。

四、项目公司也可以扣除土地支出

房地产项目的开发，一般采用项目公司制。拿地的公司和实际开发的公司往往不是一家公司，实际开发的公司如何扣除土地价款？

140号文规定，房地产开发企业（包括多个房地产开发企业组成的联合体）受让土地向政府部门支付土地价款后，设立项目公司对该受让土地进行开发，同时符合下列条件的，可由项目公司按规定扣除房地产开发企业向政府部门支付的土地价款。

（一）变更土地受让人

房地产开发企业、项目公司、政府部门三方签订变更协议或补充合同，将土地受让人变更为项目公司。

（二）用途、规划和价款不变

政府部门出让土地的用途、规划等条件不变的情况下，签署变更协议或补充合同时，土地价款总额不变。

（三）股权全部持有

项目公司的全部股权由受让土地的房地产开发企业持有。

140号文自2016年5月1日执行。凡是没有享受上述政策的企业，可以及时补办有关凭证，争取享受上述更加宽松的政策。

12. 业务决定税务：从几项服务的适用税目说起

纳税人在纳税时，经常遇到按照什么税目缴税、适用什么税率的问题。《关于明确金融 房地产 教育辅助服务等增值税政策的通知》（财税〔2016〕140号，以下简称140号文）明确了六项服务适用什么税目的问题。本文结合140号文的规定，分析业务与税务的关系，希望有助于读者遇到类似问题时能正确判断自己的纳税义务，控制税务风险。本文探讨以下问题：

一、业务决定税务

二、最终环节决定业务

三、六项服务适用税目

四、服务合同注意事项

一、业务决定税务

纳税人之所以产生纳税义务，一般是因为从事了某种业务活动，取得了某笔收入。业务的性质决定收入的性质，收入的性质决定适用什么税目、按照什么税率缴税。业务决定税务，干什么活，挣什么钱，缴什么税。因此，分析业务性质、分析收入性质，对正确判定纳税义务非常关键。对业务性质的判定标准，是营改增的税目注释。

《财政部国家税务总局关于全面推开营业税改征增值税试点的通知》（财税〔2016〕36号，以下简称36号文）附件一的《销售服务、无形资产、不动产注释》，实际上是营改增的税目注释，详细描述了每项服务的定义、范围，是判定业务性质和适用税率的标准。

营改增税目注释将适用营改增的具体情况分为三大类：销售服务、销售无形资产、销售不动产，分别适用不同的税率。

提供交通运输、邮政、基础电信、建筑、不动产租赁服务，销售不动产，转让土地使用权，税率为11%。

提供有形动产租赁服务，税率为17%。

其他服务，税率为6%。

决定适用何种税率，关键是根据税目注释，判定业务性质和收入性质应归入哪一类。

当然，一个纳税人可以有多项不同业务性质的收入，按照36号文附件一第39条的规定："应当分别核算适用不同税率或者征收率的销售额；未分别核算的，从高适用税率。"

二、最终环节决定业务

纳税人的业务，在自己内部可能是一个流程，需要消耗诸多不同的货物或服务，例如为销售不动产，需要购买建筑服务、购买设备等，如何判定纳税人提供的是什么业务？

业务决定税务，判定纳税人提供的是什么业务，看什么？应该看在最终环节提供给顾客的是什么，而不能根据为了提供服务使用了什么。例如，销售不动产应该适用11%的税率，不能因为建造不动产使用了钢筋、水泥、电梯等17%税率的货物，就认为是销售应该征收17%税率的货物。再例如，提供会议服务可能也提供会议室，不能因为提供会议室是提供会议服务的组成部分、是收取服务费的组成部分，就认为是提供了不动产租赁服务。

三、六项服务适用税目

140号文明确了六种情况应该如何缴纳增值税。

（一）餐饮服务的外卖食品

140号文规定，提供餐饮服务的纳税人销售的外卖食品，按照"餐饮服务"缴纳增值税。

这个问题在政策上经过了多次反复。营改增之前，外卖食品有时候缴纳营业税，有时候缴纳增值税。此次营改增，对"餐饮服务"的定义是："通过同时提供饮食和饮食场所的方式，为消费者提供饮食消费服务的业务活动。"也就是说，消费者在餐饮场所消费，才算餐饮服务；如果消费者把食品拿走，应该按照销售货物，适用17%的税率缴纳增值税。

但是，区分是否在现场消费，分别适用6%和17%的税率，在操作中难度太大。此次140号文明确统一按照"餐饮服务"缴纳增值税，其作用在于减少征管中的麻烦。

（二）住宿场所提供会议场地及配套服务

宾馆、旅馆、旅社、度假村和其他经营性住宿场所，提供会议场地及配套服务的活动，按照什么税目、适用什么税率？

至少有以下三种选择：

一是按照"住宿服务"，适用6%的税率。

二是按照"经营租赁服务"，认为是出租会议室或投影等会议设备。出租会议室适用11%的税率；出租投影等设备，适用17%的税率。

三是按照"会议展览服务"，适用6%的税率。

140号文规定，按照"会议展览服务"缴纳增值税。

按照住宿服务，显然是不合适的。按照经营租赁，认为是出租会议室和会议设备，似乎有道理。但纳税人提供给客户的不仅仅是会议室和会议设备，会议室和会议设备是提供会议服务的必要条件；开会除了场地和设备外，还需要制作桌签、倒茶、设备使用等一系列服务，最终环节提供给客户的，更符合"会议展览服务"的规定。按照营改增的税目注释，"会议展览服务"是指："为商品流通、促销、展示、经贸洽谈、民间交流、企业沟通、国际往来等举办或者组织安排的各类展览和会议的业务活动。"

所以，宾馆等地方为客户提供会议场地及配套服务，按照"会议展览服务"缴纳增值税比较合适。

如果只提供场地，不提供配套服务，税局按照出租不动产征收11%的增值税，就有法律依据了。

配套服务，包括什么呢？包括比如制作桌签、横幅、上茶、提供茶歇等。

（三）游览场所的索道等收入

纳税人在游览场所经营索道、摆渡车、电瓶车、游船等取得的收入，按照什么纳税？

至少有以下三种选择：

一是按照"运输服务"，按照"运输服务"的定义，运送货物或旅客，就是运输服务。在征收营业税时，就曾经把旅游景点的索道，按照运输服务征税。

二是按照"旅游娱乐服务"中的"旅游服务"。

三是按照"文化体育服务"中的"文化服务"。

140号文规定，按照"文化体育服务"缴纳增值税。

按照运输服务，有点太机械了；旅游景点的索道等，不是用于一般的旅客运输。"旅游服务"是指根据旅游者的要求，安排交通、食宿等的服务，这指的是旅行社。"文化服务"包括提供游览场所。游览场所索道、电瓶车等服务的提供者，一般是经营旅游景点的单位，这些服务也是游览场所经营单位提供服务的内容，因此，按照文化服务纳税比较合适。

（四）武装守护押运服务

纳税人提供武装守护押运服务，适用什么税目？140号文规定，按照"安全保护服务"缴纳增值税。

这样规定是合适的。按照税目注释，"安全保护服务"是指："提供保护人身安全和财产安全，维护社会治安等的业务活动。包括场所住宅保安、特种保安、安全系统监控以及其他安保服务。"

（五）物业企业的装修服务

物业服务适用的税率是6%，但是物业服务企业如果为业主提供装修服务，适用什么税率？

140号文规定按照"建筑服务"缴纳增值税。

尽管物业公司的主业是物业管理服务，但是其提供的装修服务，属于"建筑服务"中的"装饰服务"，应该适用11%的税率。

（六）出租建筑施工设备并配备人员

140号文规定，纳税人将建筑施工设备出租给他人使用并配备操作人员的，按照"建筑服务"缴纳增值税。

如果只是出租设备，应按照出租不动产适用17%的税率。如果配备操作人员，相当于提供建筑服务，适用"建筑服务"是对的。

如同出租交通工具还配备操作人员，按照交通运输服务征税，是一个道理。

四、服务合同注意事项

业务决定税务，什么证明业务呢？服务合同。在签署服务合同时，为了避免潜在的税务风险，提出如下建议：

（一）业务描述参照税法规定

服务合同的要件之一是合同内容。如果是提供营改增的服务，对服务内容的表述，一定要参照36号文附件一的税目注释；对有关服务的描述，尽量做到根据合同就能清晰明了地判定业务性质和适用税率。

（二）业务和价格当分则分，当总则总

在表述服务内容时，有些情况应详细表述，有些情况则原则表述。在确定价格时，有时应列出明细，有时定一个价格可能更好。以会议服务为例，合同中的服务内容最好就是会议服务，定一个价格。如果双方不放心，合同可以包括会议室的大小、话筒、投影等设备的数量，但是尽量不要再将价格细分了，例如会议室一天多少钱、话筒一个多少钱，否则就有点出租会议室和设备的嫌疑了。

当然，如果确属提供不同的服务，适用不同的税率，应分别列举服务内容和服务价格，避免因不分开核算，导致低税率的收入被统一按照高税率征税。

（三）发票开具与服务一致

在合同中，一定要明确发票的类型和内容。如果是一项服务、一个价格，就开在一张发票上；如果是不同服务、不同价格，最好分别开票。

流转税

13. 不动产销售增值税：不同的纳税主体与不同的纳税方法

销售不动产，不同的纳税主体适用不同的纳税方法。房地产开发企业销售不动产，适用《关于发布〈房地产开发企业销售自行开发的房地产项目增值税征收管理暂行办法〉的公告》（国家税务总局公告2016年第18号，以下简称18号公告）；非房地产开发企业和个人销售不动产，适用《关于发布〈纳税人转让不动产增值税征收管理暂行办法〉的公告》（国家税务总局公告2016年第14号，以下简称14号公告）。本文结合18号公告和14号公告的规定，分别介绍房地产开发企业和非房地产企业销售不动产时，不同的纳税方法。本文所说的非房地产开发企业，仅限于企业。包括以下问题：

一、不动产的不同来源

二、新老不动产的区分及意义

三、简易计税方法的不同规定

四、一般计税方法的不同规定

五、扣减销售额的不同凭证

六、发票开具的不同规定

七、纳税地点的不同规定

八、简易计税和一般计税的选择方法

一、不动产的不同来源

房地产开发企业与非房地产开发企业，销售不动产的来源是不同的。房地产开发企业所售不动产是自己开发的，非房地产企业所售不动产则来源多样。

（一）房地产开发企业销售不动产的来源

18号公告规范的是房地产企业销售自行开发的房地产项目。自行开发，包括两种情况：

1. 在取得土地使用权的土地上进行基础设施和房屋建设；
2. 以接盘等形式购入未完工的项目，继续开发并销售。

（二）非房地产企业销售不动产的来源

14号公告规范的是纳税人转让取得的不动产。取得，包括直接购买、接受捐赠、接受投资入股、自建以及抵债等各种形式。

一个有意思的问题是，如果房地产企业销售购进的房地产，适用哪个文件？应该适用14号公告。

二、新老不动产的区分及意义

房地产开发企业和非房地产开发企业，都需要区分新老不动产，只是名称不同。区分的意义在于，老不动产可以选择适用简易计税方法，新不动产只能适用一般计税方法。

（一）房地产开发企业新老项目的划分

房地产开发企业销售老项目，可以选择适用简易计税方法，适用5%的征收率。

老项目的标准有两个：

1. 施工许可证日期

《建筑工程施工许可证》注明的合同开工日期在2016年4月30日之前。

2. 工程合同日期

《建筑工程施工许可证》没有注明开工日期或根本就没有该许可证，但是承包合同注明的开工日期在 2016 年 4 月 30 日之前。

（二）非房地产开发企业新老不动产的划分

非房地产开发企业销售 2016 年 4 月 30 日之前取得或自建的不动产，可以选择适用简易计税方法。

如何界定取得的日期？14 号公告没有规定，但从理论上讲，有权利处分不动产，才算取得；有权利处分，应该是取得房产证之时。在没有明确规定之前，建议按照取得房产证的时间为准。

三、简易计税方法的不同规定

房地产开发企业和非房地产开发企业销售老不动产，都可以选择简易计税方式。一经选择，36 个月内不得变更。但是 36 个月后，可以选择用一般计税方式。

（一）房地产开发企业的简易计税方式

房地产开发企业销售自行开发的老项目，可以选择简易计税方法，按照 5% 的征收率计算税额。

需要注意的是，简易计税的销售额，是销售不动产取得的全部价款和价外费用，不得扣除对应的土地价款。

如果有预收款，应在收到预收款时，按照 3% 的预征率预缴增值税。

应预缴税款 = 预收款 ÷ （1+5%）× 3%

应纳税额 = 当期销售额 ÷ （1+5%）× 5% - 已预缴税款

（二）非房地产开发企业的简易计税方式

非房地产开发企业的简易计税方式，分为转让自建和非自建不动产，相对复杂一些。简易征收的增值税，全部交给不动产所在地税局。

1. 转让非自建不动产

一般纳税人转让其 2016 年 4 月 30 日前取得的非自建不动产，也就是购置的不动产，如果选择简易计税方式，以取得的全部价款和价外费用扣除不动产购置原价或取得不动产时的作价后的余额，作为计税销售额，按照 5% 的征收率计算税额。

假定 A 公司 2015 年 1 月购置一处不动产，购置价是 100 万元，2016 年 5 月转让，转让价是 150 万元，则按照简易计税方式计算的应纳税额是：

（150−100）÷（1+5%）×5%=2.38 万元

2. 转让自建不动产

一般纳税人转让其 2016 年 4 月 30 日之前自建的不动产，如果选择简易计税方式，以取得的全部价款和价外费用为销售额，按照 5% 的征收率计算应纳税额。需要注意的是，不得自销售额中扣除自建成本。

假定 A 公司 2015 年 1 月自建一处不动产，2016 年 5 月转让该不动产，转让价是 150 万元，则按照简易计税方式计算的应纳税额是：

150÷（1+5%）×5%=7.14 万元

四、一般计税方法的不同规定

房地产开发企业和非房地产开发企业的一般计税方式，也有些许的不同。

（一）房地产开发企业的一般计税方式

一般计税方式的应纳税额计算，在遵照一般规定的同时，也有一些针对房地产开发企业的特殊规定。

1. 应纳税额的计算公式

当期应纳税额 = 当期销项税额 − 当期进项税额 − 已预缴税款

销项税额 = 销售额 × 税率

2. 土地价款自销售额中扣除

对房地产开发企业而言，计算销售额时，可以扣除土地价款，方法如下：

销售额 =（全部价款和价外费用 − 当期允许扣除的土地价款）÷（1+11%）

当期允许扣除的土地价款 =（当期销售房地产项目建筑面积 ÷ 房地产项目可供销售建筑面积）× 支付的土地价款

当期销售建筑面积，是指与当期申报销售额对应的建筑面积。

可供销售建筑面积，是指房地产项目可以出售的总建筑面积，不包括未单独作价结算的配套公共设施的建筑面积。分母中不含公共配套面积，实际上加大了土地扣除的价款比例，对纳税人有利。

3. 土地价款的定义

土地价款是指向政府、土地管理部门或受政府委托收取土地价款的单位直接支付的土地价款。也就是说，直接支付给拆迁居民的拆迁款是不能抵扣的。

4. 已预缴税款

如果采用预收款方式销售自行开发的房地产项目，在收到预收款时，按照3%的预征率预缴增值税。

应预缴税款 = 预收款 ÷（1+11%）× 3%

5. 不得抵扣进项税额的区分

房地产企业销售自行开发的房地产项目，如兼有一般计税方法、简易计税方法、免征增值税的项目无法划分不得抵扣的进项税额的，按照《建筑工程施工许可证》注明的"建设规模"划分：

不得抵扣的进项税额 = 当期无法划分的全部进项税额 ×（简易计税、免税房地产项目建设规模 / 房地产项目总建设规模）

（二）非房地产开发企业的一般计税方式

非房地产开发企业的一般计税方式，分为自建和非自建不动产；自建和非自建不动产，又分为2016年5月1日之前和之后，有四种情况。5月1日之前和之后的区别在于，5月1日之前取得的，无论是自建还是非自建不动产，都没有可以抵扣的进项税；5月1日之后取得的，理论上有可以抵扣的进项税。

1. 应纳税额的一般计算方法

纳税人转让其取得的不动产，向不动产所在地主管税局预缴的增值税税款，可在当期应纳税额中抵减；抵减不完的，结转下期继续抵减。当然，抵减预缴税款，应有完税凭证。

应纳税额 = 当期销项税额 − 当期进项税额 − 已预缴税额

2. 转让2016年4月30日前取得的非自建的不动产

一般纳税人转让2016年4月30日前取得的非自建的不动产，如果选择一般计税方法，以全部价款和价外费用作为计税销售额。

但是需要向不动产所在地税局预缴税款，预缴税款的销售额是全部价款和价外费用扣除购置原价或取得时作价后的余额，按照5%的预征率计算。

在预交的同时，还要向机构所在地主管税局申报纳税。

向不动产所在地预缴，同时向主管税局申报，可以平衡不动产所在地与机构所在地的利益关系。

假定A公司2015年1月购置一处不动产，价款100万元。2016年5月按照150万元的含税价格转让该不动产，则预缴税额和应纳税额分别是：

预缴税额=（150-100）÷（1+5%）×5%=2.38万元

应纳税额=150÷（1+11%）×11%-2.38=12.48万元

3. 转让2016年4月30日前自建的不动产

一般纳税人转让2016年4月30日前自建的不动产，选择一般计税方法的，以全部价款和价外费用计算应纳税额。以全部价款和价外费用作为销售额，按照5%的预征率向不动产所在地主管税局预缴税款，向机构所在地税局申报纳税。

假定A公司2015年1月自建一处不动产，2016年5月按照150万元的含税价转让该不动产，则预缴税额和应纳税额分别是：

预缴税额=150÷（1+5%）×5%=7.14万元

应纳税额=150÷（1+11%）×11%-7.14=7.72万元

4. 转让2016年5月1日后取得的非自建的不动产

一般纳税人转让其2016年5月1日后取得的非自建的不动产，如果适用一般计税方法，以取得的全部价款和价外费用为销售额，计算应纳税额。以全部价款和价外费用扣除购置原价或作价后的余额，按照5%的预征率向不动产所在地税局预缴，向机构所在地税局申报。

假定A公司2016年5月购置一处不动产，价款100万元，税款11万元，2016年12月，按照200万元的价格转让该不动产，销项税是22万元。则预缴税额和应纳税额分别是：

预缴税额=（222-111）÷（1+5%）×5%=5.29万元

应纳税额=22-11-5.29=5.71万元

5. 转让2016年5月1日后自建的不动产

转让2016年5月1日后自建的不动产，如果适用一般计税方法，以全部价款和价外费用计算应纳税额。按照全部价款和价外费用及5%的预征率，计算向不动产所在地预缴的税额，同时向机构所在地主管税局申报纳税。

假定A公司2016年5月自建一处不动产,取得的有关支出专用发票日期在2016年5月1日之后的进项税额是4万元,2016年12月以200万元的价格转让该不动产,销项税是22万元,则预缴税额和应纳税额分别是:

预缴税额 =222÷(1+5%)×5%=10.57万元

应纳税额 =22-4-10.57=7.43万元

五、扣减销售额的不同凭证

解决增值税的抵扣问题,分为扣税和扣额。扣税,是指直接抵扣进项税;扣额,是指扣减销售额。如果没有可以抵扣进项税的四种凭证,不能抵扣进项税,但可以采用扣减销售额的方式。

房地产开发企业自销售额中抵扣地价款,应当取得省级以上(含省)财政部门监制的财政票据。

非房地产开发企业自销售额中扣减购置原价或取得不动产时的作价,应提供如下凭证:

税务部门监制的发票;

法院判决书、裁定书、调解书、仲裁裁决书、公证债权文书;

总局规定的其他凭证。

六、发票开具的不同规定

发票开具的规定也不尽一致。

(一)房地产开发企业开具发票

房地产开发企业销售自行开发的项目,自行开具专用发票;但是向个人销售房地产,不得开具专用发票。

房地产开发企业在2016年4月30日之前收取款项并已经缴纳

营业税,但是未开具营业税发票的,可以开具增值税普票。

(二)非房地产开发企业开具发票

非房地产开发企业向个人转让其取得的不动产,不得开具或申请开具增值税专用发票。

七、纳税地点的不同规定

房地产开发企业和非房地产开发企业的纳税地点不同。

房地产开发企业,只向其机构所在地主管税局申报纳税,即使预收款的预缴税额,也向机构所在地主管税局申报。

非房地产开发企业有两个纳税地点,按照5%的预征率预缴税款时,缴给不动产所在地税局,还要向机构所在地主管税局申报。

八、简易计税和一般计税的选择方法

以房地产开发企业为例,老项目到底是选择一般计税方法还是简易计税方法?

从原理上分析,老项目之所以允许选择简易计税方法,是因为老项目的进项税可能发生在营改增之前,没有多少进项税可以抵扣。为防止税负增加太多,允许选择简易计税方法。因此,凡是预计没有多少进项税可以抵扣的老项目,选择简易计税方法,税负可能低一些;反之,则可以考虑选择一般计税方法。下面通过一个小例子简要说明:

A公司的一个老项目,销售额预计是111万元,如果选择简易计税,则:

应纳税额=111÷(1+5%)×5%=5.3万元

如果选择一般计税,则:

销项税额=111÷(1+11%)×11%=11万元

11 万元 −5.3 万元 =5.7 万元

因此，如果老项目还可以抵扣的进项税大于 5.7 万元，比如还有 6 万元，则一般计税方法的应纳税额是 5 万元，低于简易计税方法。

14. 差额征税如何开具增值税专票？

营改增试点纳税人，有的可以继续沿用以前营业税差额征税的规定，财税〔2016〕36号文附件二有关销售额的第九项规定：试点纳税人提供建筑服务适用简易计税方法的，以取得的全部价款和价外费用扣除支付的分包款后的余额为销售额。那么，差额征税如何开具专票呢？

这一问题在《关于全面推开营业税改征增值税试点有关税收征收管理事项的公告》（国家税务总局公告2016年第23号，以下简称23号公告）出台后，引起了一些争议。23号公告第4条第2款规定："按照现行政策规定适用差额征税办法缴纳增值税，且不得全额开具增值税发票的（财政部、税务总局另有规定的除外），……"根据上述文字，似乎差额征税应差额开票。

假定A公司给B公司提供建筑服务，价税合计收费10万元，A公司将其中的8万元分包给C公司。A公司可以按照差额2万元，作为计算增值税的销售额。那么，A公司在给B公司开票时，开具价税合计10万元的普票应该是可以的，问题是能否开具价税合计10万元的专票呢？

从理论上分析，有以下三种专票的开票方法：

一是差额开票，A公司给B公司只开2万元的专票；

二是全额开票，但是专票和普票分别开，开专票2万元，开普票8万元；

三是全额开具专票。

全额开具专票更有道理。下面详细分析各种开票方式的道理。

一、差额开票

差额开票的道理在于，A 公司的计税销售额是 2 万元，按照 2 万元和 3% 的征收率计算，应纳税额是 582.5 元；A 公司给 B 公司按照价税合计 2 万元开具专票，B 公司最多可以抵扣进项税 582.5 元，似乎符合增值税征多少扣多少的原则。

但是，差额开票有三个弊端：

一是发票无法完整反映交易的内容，B 公司实际支付了 10 万元，只得到 2 万元的发票，作为商事活动凭证的发票，就无法反映实际的交易活动。

二是无法进行账务处理。发票是账务处理的重要凭证，B 公司支付 10 万元，只得到 2 万元的发票，也无法进行账务处理。

三是实际上违背了增值税征多少扣多少的原则。此交易全部的增值税，实际上是按照 10 万元计算征收的，只是体现在了两个环节：A 公司销售额 2 万元，C 公司销售额 8 万元。因为 A 公司是简易征收，即使 C 公司给 A 公司开具价税合计 8 万元的专票，A 公司也不能抵扣。B 公司如果只能取得价税合计 2 万元的专票，则抵扣的增值税少于国家实际收取的增值税。

二、全额开票，专票和普票分别开具

A 公司给 B 公司全额开票，但是开价税合计 2 万元的专票、价税合计 8 万元的普票。尽管可以解决 B 公司账务处理的问题，但是没有体现征多少扣多少的原则。

三、全额开具专票

A 公司给 B 公司开具价税合计 10 万元的全额专票，B 公司可以抵扣的进项税是 2912.6 元，既能满足 B 公司账务处理的需要，又符合增值税征多少抵多少的原则。因为A公司按照2万元的销售额计算税额，应缴纳582.5元；C公司的8万元，按照简易征收，也须纳税2330元。A公司和C公司纳税总额是2912.5元，与B公司抵扣的税款一致，不存在B公司多抵扣税款的问题。

23号公告并没有明确规定差额征税应差额开票，不应作为差额开票的依据。在没有明确的规定出台之前，差额征税的纳税人，还是应该可以按照收取的全部价款全额开具增值税专票。

15. 劳务派遣增值税：计税方法与发票开具

  越来越多的企业采用接受劳务派遣的方式解决人手不足的问题，提供劳务工派遣服务的劳务派遣公司也越来越多。劳务派遣服务在2016年5月1日之后，需要交纳增值税。本文结合《关于进一步明确全面推开营改增试点有关劳务派遣服务、收费公路通行费抵扣等政策的通知》(财税〔2016〕47号，以下简称47号文)的规定，分析以下问题：

一、劳务派遣服务增值税的计税方法

二、劳务派遣服务增值税发票的开具

三、派遣方的计税方法和开票对接收方的影响

四、差额征税应注意的合同及其他事项

五、增值税与所得税的相互影响

一、劳务派遣服务增值税的计税方法

根据47号文的规定，所谓劳务派遣服务，是指劳务派遣公司为了满足用工单位对于各类灵活用工的需求，将员工派遣至用工单位，接受用工单位管理并为其工作的服务。

（一）一般纳税人的一般计税方法和简易计税方法

一般纳税人提供劳务派遣服务，可以选择适用一般计税方法或简易计税方法。

1. 一般计税方法

以取得的全部价款和价外费用为销售额，按照6%的税率计算销项税，抵扣可以抵扣的进项税。

2. 简易计税方法

简易计税方法比较特殊，是差额和简易的结合。以取得的全部价款和价外费用，扣除代用工单位支付给劳务派遣员工的工资、福利和为其办理社会保险及住房公积金后的余额为销售额，按照简易计税方法依5%的征收率计算缴纳增值税。

把不征收增值税的人工成本也扣掉，这是以前没有的。差额征税的做法一般是，分出部分的接收方也缴纳增值税或营业税，才进行差额。

3. 如何选择一般计税方法和简易计税方法

由于劳务派遣公司的支出很大一部分是派遣用工的工资等，因此，简易计税方法的税负可能更低。

假定 A 公司因派遣劳务工给 B 公司，取得含税收入是 106 万元，代用工单位支付的工资等人工成本是 80 万元，则按照简易征收的增值税是：

应纳税额 =（106−80）÷（1+5%）×5%=1.238 万元

按照一般计税的销项税额是：

106÷（1+6%）×6%=6 万元

6-1.238=4.762 万元

也即是说，当劳务派遣公司的进项税高于 4.762 万元时，比如 5 万元，一般计税方法的应纳税额是 1 万元，少于简易计税方法。

（二）小规模纳税人的简易计税方法

小规模纳税人只能简易计税，但是有两种方法，或者全额 3%，或者差额 5%。

如果按照 3% 的征收率计算应纳税额，则以取得的全部价款和价外费用为销售额。

如果按照 5% 的征收率计算应纳税额，则以取得的全部价款和价外费用，扣除代用工单位支付给劳务派遣员工的工资、福利和为其办理社会保险及住房公积金后的余额为销售额。

仍沿用上面的例子。A 公司因派遣劳务工给 B 公司，取得含税收入是 106 万元，代用工单位支付的工资等人工成本是 80 万元。

如果选择 3% 的征收率全额计税，则：

应纳税额 =106÷（1+3%）×3%=3.09 万元

如果选择 5% 的征收率差额计税，则：

应纳税额 =（106-80）÷（1+5%）×5%=1.24 万元

二、劳务派遣服务增值税发票的开具

无论是一般纳税人还是小规模纳税人，选择不同的方法，则开具不同的发票。

如果一般纳税人选择一般计税方法，小规模纳税人选择按照 3% 计税，则可以全额开具增值税专用发票。

如果一般纳税人选择差额简易征收，小规模纳税人选择 5% 差额征收，则分别开具增值税专票和增值税普票：向用工单位收取的人工成本，开具普票；其他收费，可以开具专票。

比如，上述A公司的106万元收入中，如果A公司是一般纳税人，则80万元开具普票；另外的26万元，可以自行开具5%的增值税专票。

如果A公司是小规模纳税人，则收取的80万元开具普票；另外的26万元，可以请税局代开5%的增值税专票。

三、派遣方的计税方法和开票对接收方的影响

在接收方支付含税劳务成本一定的情况下，派遣方选择什么计税方式、开具什么发票，直接影响接收方可以抵扣的进项税和劳务成本。

根据上面的例子，小规模纳税人A公司因派遣劳务工给B公司，取得含税收入是106万元，代用工单位支付的工资等人工成本是80万元。如果A公司选择3%的征收率全额计税，则其应纳税额是3.09万元，开具价款102.91万元、税款3.09万元的专用发票。B公司可以抵扣的进项税是3.09万元，劳务成本是102.91万元。

如果A公司选择5%的征收率差额计税，则应纳税额是1.24万元。A公司给B公司开具80万元的普票，同时开具价款24.76万元、税款1.24万元的专票。B公司可以抵扣的进项税是1.24万元，劳务成本是104.76万元。

因此，派遣方选择什么计税方式，事关双方，具体如何选择，应该是双方博弈的结果。

四、差额征税应注意的合同及其他事项

由于选择差额征税时，可以自收入中扣减代接收方支付的工资、社保等支出，为享受这一待遇，派遣方应注意如下事项：

一是劳务合同的内容,应该包含派遣方收取的服务费用中,有多少是代接收方支付的派遣人员的工资、社保等支出。

二是保留扣缴个人所得税的凭据、缴纳社保的凭据等证据材料。

只有在合同、扣缴个税、支付社保等证明资料齐全,足以证明派遣方支付了有关支出后,才可以有效控制不能享受有关政策的风险。

五、增值税与所得税的相互影响

关于劳务派遣的问题,不但涉及增值税,还涉及企业所得税。在订立有关合同时,应综合考虑增值税和企业所得税的相互影响。

《关于企业工资薪金和职工福利费等支出税前扣除问题的公告》(国家税务总局公告2015年第34号),从接收方企业所得税税前扣除的角度作了规定。直接支付给劳务派遣公司的,作为劳务费支出;直接支付给员工个人的,作为工资薪金和福利费支出,并且可以计入工资薪金总额,作为计算其他各项相关费用扣除的依据。

从劳务工的接收方来讲,在总支出一定的情况下,如果将工资部分直接支付给劳务工,可以作为自己工资的基数,加大以工资为计算基数的福利费等的扣除。但是对国有企业而言,如果突破了工资基数,则全部支付给劳务公司更好。

从劳务派遣方的角度讲,如果接收方直接将工资支付给劳务工,则没有可以扣除的代接收方支付的员工工资和社保,无法再选择按照5%差额简易征收。

因此,派遣方和接收方,应在综合考虑各种方式对自己和对方影响的基础上,协商解决劳务工工资的支付方式及派遣方增值税的计税方法和发票开具等问题。

16. 债券增值税：利息的计提和收到　价差的全价和净价

营改增之后，债券持有期间的利息要缴纳增值税，债券买卖的价差也要缴纳增值税。那么，持有期间的利息，是实际收到才缴纳增值税，还是计提时就缴纳增值税？买卖债券的价差要缴纳增值税，价差按照交易的全价计算还是按照净价计算？上述问题，现行法规还没有明确的规定，我们根据有关法规进行分析，以期得出相对合理的结论。本文包括以下问题：

一、营业税和增值税对债券持有期间利息征税的不同规定

二、债券利息的纳税义务发生时间——计提还是收到

三、债券买卖价差如何计算——全价还是净价

流转税

一、营业税和增值税对债券持有期间利息征税的不同规定

在征收营业税时，债券持有期间的利息在转让前是不征收营业税的；转让时，才将持有期间的利息加到债券的价差上。营改增后，在转让前，持有期间的利息就应征收增值税。

根据《国家税务总局关于印发〈营业税税目注释（试行稿）〉的通知》（国税发〔1993〕149号）第3条规定："存款或购入金融商品行为，不征收营业税。"购入金融商品的行为不征营业税，是指持有金融商品期间取得的收入，不征收营业税。

但是，营改增之后，将持有债券期间的利息按照贷款缴纳增值税，实际是取消了持有期间不征税的规定。《财政部 国家税务总局关于全面推开营业税改征增值税试点的通知》（财税〔2016〕36号，以下简称36号文）附件一《销售服务、无形资产、不动产注释》规定："各种占用、拆借资金取得的收入，包括金融商品持有期间（含到期）利息（保本收益、报酬、资金占用费、补偿金等）收入、信用卡透支利息收入、买入返售金融商品利息收入、融资融券取得的利息收入，以及融资性售后回租、押汇、罚息、票据贴现、转贷等业务取得的利息及利息性质的收入，按照贷款服务缴纳增值税。"

也就是说，营改增之后，债券持有期间（含到期）的利息，即使不转让债券，也要按照贷款服务缴纳增值税。

二、债券利息的纳税义务发生时间——计提还是收到

既然债券持有期间（含到期）的利息收入，按照贷款服务缴纳增值税，那么，如何确定纳税义务发生时间呢？

有两种选择：一是按照权责发生制计提时，二是实际收到时。

计提时，实际又有两种方法：一是每月或每季计提时，二是根据债券发行方公告中表明的付息时间。

关于纳税义务发生时间，36号文附件一第45条的原则规定是：

"纳税人发生应税行为并收讫销售款项或者取得索取销售款项凭据的当天；先开具发票的，为开具发票的当天。"

"收讫销售款项，是指纳税人销售服务、无形资产、不动产过程中或者完成后收到款项。"

"取得索取销售款凭借的当天，是指书面合同确定的付款日期；未签订书面合同或书面合同未确定付款日期的，为服务、无形资产转让完成的当天或者不动产权属变更的当天。"

就债券利息的纳税义务发生时间而言，可以在收到利息时，也可以在根据债券发行公告应支付利息时。

如果在购买债券时，债券持有人就先取得利息，则在实际取得利息收入的当天就发生纳税义务。

如果实际收到利息的时间，晚于计提或按照公告应支付利息的时间，详细分析如下：

债券的利息，一般是半年付息一次或一年付息一次，在债券发行公告中，往往会明确。因此，债券发行公告中约定的付息时间，就是合同约定的付款时间，就是债券利息收入的纳税义务发生时间。

尽管利息是半年支付或一年支付，但是债券持有人往往在持有期间，每月或每季都计提利息收入。计提利息收入时，严格讲，没有发生纳税义务；但是如果为了避免与主管税局发生分歧，或者为了便于财务核算，也可以在计提时确认纳税义务发生时间，缴纳增值税。

因此，根据36号文关于纳税义务发生时间的规定，确定债券利息纳税义务发生时间的先后顺序是：债券发行公告约定的付息时间、计提利息时间、实际收到时。哪个早，就按照哪个确定。

三、债券买卖价差如何计算——全价还是净价

根据36号文附件二《营业税改征增值税试点有关事项的规定》，"金融商品转让，按照卖出价和买入价后的余额为销售额"，"金融商品的买入价，可以选择按照加权平均法或者移动加权平均法进行核算，选择后36个月内不得变更"。

那么，36号文中的买入价和卖出价，到底是包含利息的全价，还是不包括利息的净价？

（一）全价还是净价，与持有期间利息如何纳税有关

计算价差时，到底是按全价还是净价，应以不重征、不漏征为原则，既不要因重复征税多缴税，也不要因少算计税依据少缴税。

基于上述原则，如果债券持有期间，按照计提而不是实际收到的利息缴纳增值税，则应按照净价计算价差。如果债券持有期间，在实际收到利息时才缴纳增值税，应按照全价计算价差。

（二）持有期间按照计提利息纳税，按净价计算价差

假定A公司2017年1月1日，在一级市场购买B公司按照面值发行的债券100元，年息12%，半年付息一次。A公司每月计提1元钱利息，并交纳了增值税。

A公司在5月1日，将债券按照105元的价格卖出，105元中，包括利息4元，净价是101元。那么计算价差时，只能是按照净价101元与购入价100元计算。如果按照全价105元计算，则会将已经缴纳增值税的利息再次计入价差中，就重复征税了。

（三）持有期间按照收到利息纳税，按全价计算价差

还是以上面的A公司为例，如果持有期间计提的利息4元没有缴纳增值税，则在计算价差时，应按照全额105元与购入价100元计算价差。如果还按净价计算价差，则计税依据少算了4元。

（四）营改增之前，实际应按照全价计算

营改增之前，实际是按照全价计算债券价差的，基于以下原因：

1. 价差征收营业税的历史，早于债券净价交易的历史

根据1994年的《营业税暂行条例》和《实施细则》，债券买卖的价差就要缴纳营业税。但是债券按照净价交易，是自国债按照净价交易开始的；国债实施净价交易是自2001年开始的。也就是说，债券价差一开始就是按照全价计算的。

2. 有关法规的规定

《关于债券买卖业务营业税问题的公告》（国家税务总局公告2014年第50号）规定："买入价应以债券的购入价减去债券持有期间取得的收益后的余额确定。"尽管没有明确"取得"是计提还是收到，但是取得更类似于实际收到。

总之，债券利息的增值税问题，在现行法规不是很清晰的情况下，根据不重征、不漏征的原则，确定自己的缴纳方法，可以有效地控制少缴税或多缴税的风险。

17. 融资租赁增值税：政策、筹划、开票

  尽管融资租赁早已纳入营改增试点，但是《财政部国家税务总局关于全面推开营业税改征增值税试点的通知》（财税〔2016〕36号，以下简称36号文）在保留、汇集以往规定的基础上，也有一些调整，为融资租赁公司和承租人提供了新的机会。本文根据36号文的有关规定，介绍、分析融资租赁的如下税收问题：

  一、融资租赁政策的新规定

  二、融资租赁业务销售额的计算

  三、融资租赁业务的增值税优惠

  四、融资租赁的节税效应

  五、融资租赁的发票开具

一、融资租赁政策的新规定

与以往相比，36号文对融资租赁业务有以下新的规定：

（一）售后回租改按贷款服务征税

1. 一般规定

在36号文之前，有形动产售后回租按照有形动产（融资）租赁纳税，适用17%的税率。但是，36号文附件一《销售服务、无形资产、不动产注释》，将"融资性售后回租"归入"金融服务"中的"贷款服务"。根据36号文，"融资性售后回租，是指承租方以融资为目的，将资产出售给从事融资性售后回租业务的企业后，从事融资性售后回租业务的企业将资产出租给承租方的业务活动。"

这一改动，对售后回租业务而言影响较大：一是税率变化，由17%税率降低为6%；二是不得抵扣。

在36号文之前，动产的融资性售后回租，税率是17%；在36号文出台后，适用6%的税率。根据36号文的规定，纳税人购买的贷款服务进项税不得抵扣。因此，承租人购进的融资性售后回租服务，也不得抵扣进项税。

2. 例外规定

税法经常有例外规定。纳税人根据2016年4月30日前签订的有形动产融资性售后回租合同，在合同到期前提供的售后回租服务，可继续按照有形动产融资租赁服务缴纳增值税。

尽管按照贷款服务税率较低，但是承租人不得抵扣进项税，因此，售后回租业务继续按照融资租赁缴纳增值税，承租人将更欢迎。

（二）不动产纳入租赁对象

融资租赁的对象一般是各类设备，尽管没有不得租赁不动产的规定，但是实际业务中，不动产融资租赁比较少见，税法中也没有相应规定。36号文关于融资租赁服务的税目注释，明确规定"按照标的物的不同，融资租赁服务可分为有形动产融资租赁服务和不动产融资租赁服务"。这为租赁公司开展不动产租赁扫清了税收障碍。

二、融资租赁业务销售额的计算

融资租赁业务销项税额的计算，涉及融资租赁的定义、税率和销售额的确定三个问题。

（一）融资租赁的定义

36号文对融资租赁的定义，延续了以往的规定。"融资租赁服务，是指具有融资性质和所有权转移特点的租赁活动。即出租人根据承租人所要求的规格、型号、性能等条件购入有型动产或者不动产，租赁给承租人，合同期内租赁物所有权属于出租人，承租人只拥有使用权，合同期满付清租金后，承租人有权按照残值购入租赁物，以拥有其所有权。不论出租人是否将租赁物销售给承租人，均属于融资租赁。"

整个融资租赁的过程，涉及两个合同、三方当事人。两个合同，一个是租赁物的购销合同，一个是租赁物的租赁合同。三方当事人，包括租赁物供应商、租赁公司、承租人。

（二）融资租赁的税率

根据租赁物的不同，适用不同的税率。不动产租赁服务，税率是11%；有形动产租赁服务，税率是17%。

（三）融资租赁的销售额

融资租赁的销售额，根据租赁公司的审批人不同，规定也不完全一致。

1. 人民银行、银监会、商务部批准

经人民银行、银监会和商务部批准从事融资租赁业务的试点纳税人，提供融资租赁服务，以取得的全部价款和价外费用，扣除支付的借款利息（包括外汇借款和人民币借款）、发行债券利息和车辆购置税后的余额为销售额。

尽管纳税人购进贷款服务的进项税不得抵扣，但是从上述规定可以看出，由于融资租赁公司借入资金支付的贷款利息可以自租金收入中扣除，实际是变相抵扣了，而且多抵了。因为贷款的税率是6%，即使抵扣，也只能抵扣6%；但是不动产租赁的税率是11%、动产租赁的税率是17%，将利息自租金收入中扣除，实际是按照11%或17%少计提销项税。

假定融资租赁A公司向B公司租赁一台设备，每月收取租金100万元。A公司购置设备所需资金来源为从银行贷款，每月支付利息30万元。则A公司每月因给B公司提供租赁服务，应计算销项税的销售额是70万元。

2.商务部授权的省级商务部门和国家级经济技术开发区批准

这类试点纳税人，2016年5月1日后，注册资本达到1.7亿元，但是实收资本未达到1.7亿元的，自2016年8月1日起开展的融资租赁业务，不得执行上述规定。也就是利息支出和车辆购置税，不得自全部价款和价外费用中扣减。

在2016年5月1日后，实收资本达到1.7亿元的，可按照上述规定执行。

三、融资租赁业务的增值税优惠

融资租赁业务的增值税优惠，根据不同的批准部门，也是不完全一样。

（一）人民银行、银监会、商务部批准

这类试点纳税人中的一般纳税人；提供有形动产融资租赁服务，对其增值税实际税负超过3%的部分，实行增值税即征即退。

实际税负，按照纳税人当期提供应税服务实际缴纳的增值税额占纳税人当期提供应税服务收取的全部价款和价外费用的比例计算。

应退还税额 = 实际缴纳税额 - 全部价款和价外费用 × 3%

（二）商务部授权的省级商务部门和国家级经济技术开发区批准

这类试点纳税人，2016年5月1日后，注册资本达到1.7亿元，但是实收资本未达到1.7亿元的，自2016年8月1日起开展的融资租赁业务，不得享受超税负即征即退政策。

在2016年5月1日后，实收资本达到1.7亿元的，自达到标准的当月起，享受超税负返还的待遇。

四、融资租赁的节税效应

贷款利息支出不得抵扣、融资租赁租金支出可以抵扣、租赁企业利息支出自租金收入中扣减的规定，为纳税人调整融资模式、更多地通过融资租赁解决资金问题提供了很大的空间，也为租赁公司拓展业务提供了极大的利好。以往因增值税改革一度陷入困境的融资租赁企业，这次时来运转，迎来了增值税改革的巨大红利。

下面通过一个例子，说明承租人如果选择融资租赁解决资金问题，是如何降低税负、降低成本的。

A公司需要一台设备，该设备不含税售价100万元，A公司如果自己购买，需要支付价款100万元、税款17万元，一共需要117万元。如果全部贷款，需要贷款117万元，利率是10%，需要支付11.7万元的利息，利息支出不得抵扣进项税。A公司因购买设备、取得贷款，可以抵扣的进项税是17万元，设备成本是100万元，利息支出是11.7万元，总支出是128.7万元。由于17万元的进项税可以抵扣，总成本是111.7万元。

如果A公司通过租赁公司B取得这台设备，我们看A公司成本能否下降。

B公司购买这台设备，价款100万元，进项税17万元。B公司也通过银行贷款117万元，支付利息11.7万元。B公司收取租金130万元，给A公司开具价款111.11万元、税款18.89万元的增值税专用发票。

尽管A公司总支出是130万元，增加了1.3万元，但是由于可以抵扣进项税，其实际成本是111.11万元，与自己贷款购买相比，节省成本0.59万元（111.7-111.11）。

五、融资租赁的发票开具

关于节税效应的分析，是基于B租赁公司按照收到的全部租金，给A公司开具增值税专用发票而言的。

但是，根据现行规定，B租赁公司在计算销售额时，可以自全部价款中扣除其支付的利息。在上例中，B公司收到的全部租金是130万元，支付的利息是11.7万元，其计算销项税的销售额是118.3万元，那么B公司能给A公司开具价税合计130万元的增值税专票吗？

根据售后回租开票的有关规定，B公司应该可以给A公司开具价税合计130万元的专票。

根据36号文关于售后回租的规定，售后回租的销售额，是收取的全部价款和价外费用，扣除向承租方收取的价款本金、支付的借款利息和债券利息后的余额。开票时，向承租方收取的价款本金，不得开具专用发票，可以开具普通发票。也即是说，收取的价款中包含的利息，没有限制开具专票。

融资租赁公司在计算销售额时，尽管可以自全部租金收入中扣减自己的利息支出，但是可以按照收取的全部租金给承租人开具专用发票。

18. 增值税的税负问题

营改增之后，最热门的话题莫过于税负的增减，比较增值税税负与营业税税负。常见的比法是，在应税收入都是 100 元的情况下，缴纳营业税是 5 元，如果缴纳增值税 6 元，则税负增加了；如果缴纳增值税 4 元，则税负下降了。这种比较方式，似乎不符合税负的一般原理，更不符合增值税的基本原理，也没有多少实际意义，甚至会产生误导。为了客观认识增值税的税负问题，全面分析营改增对企业的财务影响，本文探讨如下问题：

一、营改增税负比较的逻辑矛盾

二、增值税的纳税人与负税人

三、增值税的免税与"税负"

四、增值税的税率与"税负"

五、营改增应比较的是：收入、成本、毛利

一、营改增税负比较的逻辑矛盾

尽管同一个纳税人由缴纳营业税改成缴纳增值税,进行税负的比较是顺理成章的事,但是,如果仅仅进行税额的比较,似乎存在难以自圆其说的矛盾,增值税税负的计算方法与增值税的基本原理也有些冲突。

(一)因应纳税额计算方法不同,两者不可比

营业税应纳税额 = 应税营业额 × 税率

增值税应纳税额 = 销项税额 − 进项税额

除个别情况外,增值税实行购进扣税法,只要取得可以抵扣进项税的凭证,以购进原材料为例,不管购进的原材料使用多长时间,都可以一次性抵扣;抵扣不完的,无限期结转以后抵扣。

营业税和增值税的征税对象不同、计税依据不同、税率不同、应纳税额的计算方法不同,实际上两者是不可比的。通过税额比较税负轻重,相当于两个人比较身高,但是一个人站在地面上,一个人站在凳子上。

(二)不同的增值税纳税人,增值额越大,税负越重

增值税的税负计算方法,是应纳税额与销售额的比率,如果税额是5元,应税收入是100元,则税负是5%。按照这种思路,增值额越大的纳税人,税负越重。甲公司和乙公司销售同样的货物,假定购进支出都是100元,进项税都是17元。甲公司的产品技术含量高,售价300元,销项税是51元,应纳税额是34元,税负是11.3%(34/300)。乙公司的产品技术含量低,售价是200元,销项税是34元,应纳税额是17元,税负是8.5%(17/200)。

影响税负的有两个因素:一是计税依据,二是税率。甲乙两公司的计税依据都是增值额,税率都是17%,税负应该是一样的。但是增值额越大,税负越重,这在逻辑上是讲不通的。

（三）同一增值税纳税人，不同月份的税负也会剧烈波动

以同一个纳税人 A 公司为例，在收入均衡的情况下，比如 4 月和 5 月收入都是 100 元，如果缴纳营业税，每月纳税 5 元，税负是 5%。如果缴纳增值税，每月的销项税都是 17 元，但是，每月的购进支出可能是不平衡的，进项税也是不均衡的。假定 4 月的进项税是 13 元，则应纳增值税 4 元（17-13），增值税税负就是 4%。5 月的进项税可能是 10 元，应纳税额是 7 元（17-10），则增值税的税负就是 7%。

也就是说，在不同月份的销售收入相等的情况下，只是因为进项税不同，不但导致了增值税与营业税的税负增减变化，就连增值税自己与自己比较，税负都剧烈波动了。

同一个纳税人，计税依据和税率在 4 月和 5 月并没有变化，增值税的税负应该是稳定的。税负剧烈波动，只能说明税负的计算方法有问题。

（四）纳税人与负税人的悖论

增值税是由谁负担的？通常的说法是由消费者负担。这个说法是成立的，下面会举例说明。既然增值税实际是由消费者负担的，增值税纳税人不是增值税的负担人，增值税的税负问题，也可以说是一个"伪问题"，没有必要比较增值税的税负和营业税的税负。

二、增值税的纳税人与负税人

税收，尤其是流转税，是可以转嫁的。这导致纳税人与负税人可能是不同的人，依法缴纳税款的纳税人不一定是实际负担税款的人。下面通过例子，说明增值税的纳税人与负税人是分离的。

A、B、C 三家公司，分别负责生产、批发、零售，都是增值税一般纳税人，税率都是 17%，消费者自 C 公司购买货物。

假定 A 公司按照 100 元的销售价格，将货物销售给 B 公司，销

项税是17元，自己的进项税假定是0。则A公司应纳税额是17元（17-0）。

B公司购入货物的价格是100元，进项税是17元；按照200元的价格销售给C公司，销项税是34元。则B公司应纳税额是17元（34-17）。

C公司购进货物的价格是200元，进项税是34元，按照含税价351元的价格卖给消费者。C公司的销项税是：

351÷（1+17%）×17%=51元

C公司的应纳税额是17元（51-34）。

A、B、C三个纳税人总的应纳税额是51元，这51元，恰恰是最终零售环节的销项税额。所以，增值税的实际负税人是最终的消费者。既然纳税人不是负税人，A、B、C三个纳税人的"税负"问题，也可以说是个伪问题。

A、B、C作为纳税人，之所以没有负担增值税，是因为其交给税务局的税额，是销项税与进项税的差额，销项税是从下一个环节收取的。最终的消费者，之所以是增值税的负税人，就在于消费者不再继续销售所购货物，无法将税负转嫁出去。

当然，从理论上分析，税负能否转嫁与价格弹性有关。如果零售价格无法上涨，在税率提高的情况下，国家税收增加，但是消费者支付的价格没变，纳税人是要负担增加了的税款的。

三、增值税的免税与"税负"

免税一般是降低税负的有效措施，但是大家可能已经注意到了，增值税允许纳税人放弃免税，这是其他税种没有过的情况。由于增值税特殊的计算方法，享受免税政策的纳税人，可能是负担税款的人，免税不如征税。如果感觉免税不如征税，可以向税务局申请放弃免税，享受征税待遇。

下面通过一个例子，说明免税的效果。

（一）免税不如征税

还是根据上面的例子。B 公司的购进价格是 100 元，进项税是 17 元，销售价格是 200 元。

如果 B 公司免税，不用计算应纳税额，但也不得再向 C 公司收取 34 元的销项税，自己的进项税 17 元也得不到补偿，不能抵扣，只能计入成本，毛利是 83 元（200-117）。

如果 B 公司征税，则 B 公司可以向 C 公司收取 34 元的销项税，抵扣进项税额 17 元，也就是自己支付的进项税 17 元。在得到补偿后，计算应纳税额，应纳税额是 17 元。由于进项税 17 元抵扣，不再计入成本，毛利是 100 元（200-100）。

从上面的例子可以看出，B 公司免税不如征税。对 B 公司免税，B 公司无法向下一环节收取销项税，如同消费者不能取得销项税一样，就相当于最终的消费者，负担了以前环节所有的增值税。

对 C 公司而言，购进征税货物还是免税货物，有什么不同吗？可以说没有不同。

C 公司的含税销售价格是 351 元，销项税是 51 元，如果 C 公司购进免税货物，只支付 200 元价款，不再支付 34 元进项税，则应纳税额是 51 元。如果 C 公司购进征税货物，在支付 200 元价款的同时，还要支付 34 元进项税，则应纳税额是 17 元。

对 C 公司而言，尽管应纳税额不同，实际负担是一样的。因为缴纳 17 元税额的时候，自己还支付了 34 元的进项税，与不支付 34 元进项税，但是缴纳 51 元税款是一样的，毛利都是 100 元，背着抱着一样沉。

（二）免税好于征税

那么，免税什么时候好于征税呢？

对 B 公司而言，如果销售价格是含税价，免税好于征税。比如，如果含税销售价格是 234 元，征税时，需要自 234 元中分离出 34 元的销项税，需要缴纳 17 元的增值税，毛利是 100 元（200-100）。如果免税，不用计算销项税，不用计算应纳税额，免税就好于征税了，毛利是 117 元（234-117）。

四、增值税的税率与"税负"

营改增后，增值税有四档税率：17%、13%、11%、6%。适用 17% 税率的纳税人，可能高征低扣；适用 6% 税率的纳税人，可能低征高扣。税率不同，对纳税人的影响如何？对不同环节的纳税人影响是不一样的。

（一）非最终环节的纳税人

假定 A 公司不是面向消费者的纳税人，购进价格是 100，销售价格是 200，在适用不同税率的情况下，应纳税额大不一样。

1. 进项、销项税率相同

如果进项和销项适用的税率相同，比如都是 17%，进项税是 17、销项税是 34，应纳税额是 17。

2. 低征高扣

如果销项税率是 11%、销项税是 22，进项税率是 17%、进项税是 17，应纳税额是 5。

3. 高征低扣

如果销项税率是 17%、销项税额是 34，进项税率是 11%、进项税是 11，应纳税额是 23。

尽管 A 公司的应纳税额相差悬殊，但是收入和成本没变，收入都是 200，成本都是 100，利润都是 100。所以，如果是价外税，对中间环节的纳税人而言，税率高低对纳税人没有实质的影响。

（二）最终环节纳税人

如果 A 公司是面向消费者的最终环节纳税人，税率高低的影响就大不一样了，因为零售环节是价内税，税率高低影响收入的多少。

假定 A 公司购进价格是 100，进项税是 17，零售价格是 234。如果适用税率是 17%，则销项税是 34，收入是 200，毛利是 100。如果适用税率是 13%，则销项税是 26.92，收入是 207.08，毛利是 107.08。

五、营改增应比较的是：收入、成本、毛利

从上面的分析可以看出，增值税的"税负"这个概念是否成立，都值得探讨，营业税的税负与增值税的"税负"也有很大的不可比性。与其说营改增对"税负"的影响，倒不如说是对收入、成本、利润的影响。算"税负"，如果不把收入、成本、利润算出来，那么营改增的财务影响就没有彻底算清楚，甚至会产生误导。

（一）税负增加，利润也可能增加

一般来讲，税负增加，利润可能下降。但是由于增值税购进扣税法的计算方法，"税负"计算方法在逻辑上存在的问题，导致税负增加的企业，利润也可能增加。

假定 A 公司在营改增之前，购进支出是 100 元，没有进项税。销售收入 300 元，应纳营业税 15 元，税负是 5%，毛利是 185 元。

营改增之后，购进支出不变，销售收入是 300 元，销项税是 33 元，应纳增值税是 33 元，税负是 11%，毛利是 200 元（300-100）。税负尽管增加了，但是毛利也增加了。

税负增加给人的印象好像是坏事，但是毛利增加，给人的印象又是好事。所以，营改增之后，计算税负的变化可能引起误解。营改增之后，真正应该测算的，应该是收入、成本、利润。

(二)营改增对收入、成本、利润的影响

假定A公司是房地产公司,营改增之前,收入是222万元,缴纳营业税11.1万元(222×5%),购进支出,取得增值税普通发票,价税合计是117万元。假定不考虑附加税,毛利是93.9万元(222-11.1-117)。下面比较不同的情况下,营改增对收入、成本、毛利的影响。

1. 营改增对收入的影响

营改增对收入的影响,或者是减少收入,或者是收入不变,关键是看销项税是怎么来的。

如果在原营业税价格的基础上,倒扣出销项税,则收入肯定减少;如果在原营业税价格的基础上,另外向下一环节收取销项税,则收入可以不变。

营改增之后,A公司如果在222万元的基础上,倒扣销项税,则销项税是22万元[222÷(1+11%)×11%],收入就减少为200万元。如果给购买方开具价格200万元,销项税22万元的增值税专用发票,购买方的购房成本由222万元下降到200万元。当然,如果给购买方开具价税合计222万元的普通发票,购买方的购房成本没变。

如果A公司另外向购买方收取11%的销项税,即另外收取24.42万元(222×11%),则收入维持222万元不变。如果购买方是增值税一般纳税人,A公司给购买方开具价款222万元、税款24.42万元的增值税专用发票,购买方尽管多支付了24.42万元,但是由于可以抵扣进项税,购房成本还是222万元不变。

2. 营改增对成本的影响

营改增从两个方面会减少成本:一是不用再缴纳营业税;二是进项税可以抵扣,购进成本相应下降。仍以A公司为例,营改增之前,应纳营业税11.1万元(222×5%),营业税计入"营业税金及附加"

科目；营改增之后，不用再缴纳营业税。

营改增之前，假定 A 公司购进原材料，取得增值税普通发票，价税合计 117 万元，成本是 117 万元。营改增之后，如果可以取得增值税专用发票，价款 100 万元、税款 17 万元，17 万元可以抵扣，则购进成本是 100 万元，成本下降 17 万元。总成本下降 28.1 万元（11.1+17）。

购进时，如果为了取得增值税专用发票，需要在原购进价格基础上，另外向销售方支付 17% 的进项税，即支付 19.89 万元（117×17%），则购进成本还是 117 万元，总的成本下降 11.1 万元，仅为少缴的营业税。

3. 对毛利的影响

对毛利的影响，根据价格和成本的变动情况，分几种不同的情形。

（1）最优的影响——收入不变，购进成本下降

如果价格在原 222 万元的基础上，另外收取 11%，即 24.42 万元的销项税，则收入维持 222 万元不变。如果购进支出是在原 117 万元的基础上，取得增值税专用发票，则购进成本由 117 万元下降到 100 万元。总成本下降 28.1 万元，则毛利是 122 万元，与营改增之前比增加 28.1 万元（122-93.9）。

（2）次优的影响——收入不变，购进成本不变

如果收入仍然是 222 万元，购进成本仍然是 117 万元，则毛利是 105 万元，与营改增之前比增加 11.1 元，就是少缴的营业税。

（3）最差的影响——收入减少，购进成本不变

如果在原 222 万元的基础上，倒扣销项税，收入减少为 200 万元，成本仍然是 117 万元，则毛利是 83 万元，减少 10.9 万元（83-93.9）。

所以，营改增的纳税人，在比较"税负"的基础上，应比较不同的定价、不同的发票，对收入、成本、毛利的影响，争取最优，

接受次优，避免最差。

（三）营改增的收入、成本对策

营改增之后，应该在正确认识营改增对自己、合作方影响的基础上，恰当地确定价格和发票的开具，维护自己的合法权益。

1. 收入对策

营改增之后，为了保证收入不变，应争取在原营业税价格基础上，另外向下一环节收取销项税，尤其是在给对方开具增值税专用发票的情况下，由于对方可以抵扣进项税，其购进成本并没有增加。

2. 成本对策

为尽量降低成本，应在原支付价税合计价格的基础上，取得增值税专用发票，尤其是销售方本来就是增值税纳税人的情况下，更应取得专用发票。因为销售方由开具普通发票改成开具专用发票，并没有增加其税收负担，其计算的销项税是一样的。

如果销售方要求另外支付17%或11%，才能由开具增值税普通发票改为开具专用发票，就不要再坚持要专用发票了。因为以另外支付进项税为代价取得专用发票，不但无法降低成本，还占用了资金，得不偿失。

19. 增值税的混合销售和兼营

《财政部国家税务总局关于全面推开营业税改征增值税试点的通知》（财税〔2016〕36号，以下简称36号文）对混合销售和兼营定义的规定，与以往比，没有本质区别，但在某些情况的政策处理上，发生了很大变化。增值税、营业税的混合销售和兼营，尤其是混合销售，一直就是个难以把握的问题；营改增之后，各地税局出台的办法也不尽一致。本文试图分析混合销售和兼营的区别，如何把握混合销售，如何在既有政策的基础上合法地降低税收负担、控制税务风险。包括以下问题：

一、关于混合销售的规定

二、混合销售的风险及应对

三、混合销售的机会及争取

四、兼营行为如何征税

一、关于混合销售的规定

混合销售的规定,包括定义、政策处理、与以往的区别等。

(一)混合销售的定义

36号文附件一第40条规定:"一项销售行为如果既涉及服务又涉及货物,为混合销售。"

1. 如何理解"一项销售行为"?

目前在税务总局层面,还没有规定如何判定"一项销售行为"。有的省国税局将纳税人的会计处理作为判断标准:货物和服务一并处理,就是一项销售行为;如果分别处理,就不是一项销售行为。

因为销售行为涉及买卖双方,以卖方的会计处理作为判断标准,似乎不妥。同时规范买卖双方行为的,是经济合同。《中华人民共和国合同法》第12条规定:

"合同的内容由当事人约定,一般包括以下条款:

(一)当事人的名称或者姓名和住所;

(二)标的;

(三)数量;

(四)质量;

(五)价款或者报酬;

(六)履行期限、地点和方式;

(七)违约责任;

(八)解决争议的方法。

当事人可以参照各类合同的示范文本订立合同。"

所以,用合同判定是否是"一项销售行为",比较合理。如果在一个合同中,既涉及服务,又涉及货物,税局认为是一项销售行为,是有道理的。如果分别订立服务合同、货物合同,各自的合同要件,如标的、数量、质量、价款、时间、责任等都不一样,税局再按照一项销售行为，比照混合销售征税，既没有法律依据，也没有道理。

那么，如果在一项合同中，分别规定服务和货物的价格、质量、时间等内容，算不算一项销售行为？如果税局基于一项合同，按照混合销售征税，不能说没有道理，尽管有点牵强。

2. 如何理解"既涉及服务又涉及货物"？

货物，就是增值税应税货物，没有歧义。服务呢？房地产企业销售精装修的房子，房子配有家具和家电，是不是混合销售？

36号文附件一第1条规定："在中华人民共和国境内（以下称境内）销售服务、无形资产或者不动产（以下称应税行为）的单位和个人，为增值税纳税人，……"

根据以上规定，营改增的范围包括服务、无形资产、不动产，混合销售中的服务，不包括无形资产和不动产。因此，房地产企业在销售精装修的房屋时，如果包括家具和家电，这不是混合销售。如果不是混合销售，如何征税？下面再分析。

所以，如果在一个合同中既涉及营改增的服务，又涉及增值税货物，可以认为是混合销售。

（二）混合销售如何征税

1. 营改增之后的做法

根据36号文附件一第40条：

"从事货物的生产、批发或者零售的单位和个体户的混合销售行为，按照销售货物缴纳增值税。"

"从事货物的生产、批发或者零售的单位和个体工商户，包括以从事货物的生产、批发或者零售为主，并兼营销售服务的单位和个体工商户在内。"

"其他单位和个体工商户的混合销售行为，按照销售服务缴纳增值税。"

按照上述规定，如果甲公司是一个铁塔生产企业，在销售铁塔的同时，提供安装服务，总收入是120万元，则甲公司是生产单位混合销售，全部120万元收入，按照17%计算销项税额。

如果甲公司是一个安装企业，在提供安装服务的同时，一并供应安装过程中的自产配件，假定总收入是120万元，则120万元，按照11%计算销售税额。

如果甲公司是一个设计企业，在提供设计服务的同时，一并提供设计方案实施过程中的部分货物，假定总收入是120万元，则120万元按照6%计算销项税额。

2. 营改增之前的做法

营改增之前的政策有些不同，主要是建筑企业。被废止的《中华人民共和国营业税暂行条例实施细则》（财政部、税务总局令第52号）第7条规定："纳税人的下列混合销售行为，应当分别核算应税劳务的营业额和货物的销售额，其应税劳务的营业额缴纳营业税，货物销售额不缴纳营业税；未分别核算的，由主管税务机关核定其应税劳务的营业额：

（一）提供建筑业劳务的同时销售自产货物的行为；

（二）财政部、国家税务总局规定的其他情形。"

还是以上面的甲安装公司为例。如果在安装过程中使用自产的配件，则应将全部120万元收入，分别确定安装收入和自产配件收入。假定配件收入是20万元，则自产配件收入20万元应该缴纳增值税。

二、混合销售的风险及应对

对纳税人而言，混合销售的风险就在于，可以按照低税率征税的收入，都被按照17%的高税率征收增值税。

仍以上述生产并安装铁塔的甲公司为例。总收入是120万元，但是货物收入是 100 万元，安装收入是 20 万元。如果按照混合销售征税，则全部 120 万元收入，按照 17% 计算销项税额，销项税是 17.44 万元，收入是 102.56 万元。

如果分别签订合同，则收入可以增加。签订货物销售合同 100 万元，销项税是 14.53 万元，收入是 85.47 万元。签订安装合同 20 万元，销项税 1.98 万元，收入是 18.02 万元。总的销项税是 16.51 万元，比混合销售减少 0.93 万元；总的收入是 103.49 万元，比混合销售增加 0.93 万元。

三、混合销售的机会及争取

混合销售的规定，也为纳税人争取按照低税率征收增值税提供了机会。

如果甲公司是一安装企业，在提供安装服务的同时，一并供应安装过程中的自产配件。假定总收入是 100 万元，配件收入是 20 万元，如果分别签订合同，则安装合同销项税是 9.9 万元，收入是 90.1 万元；配件合同销项税是 2.9 万元，收入是 17.1 万元。总的销项税是 12.8 万元，收入是 107.2 万元。

如果签订一项合同，总收入是 120 万元，可以按照混合销售计算销项税，销项税是 11.89 万元，比分别征收少 0.91 万元；收入是 108.11 万元，比分别征收增加 0.91 万元。

四、兼营行为如何征税

混合销售行为是服务加货物。那么，非混合销售行为，也就是兼营行为，如何征税呢？

（一）兼营行为的几种情况

从逻辑上分析，非混合销售的兼营行为，包括以下几种：

1.服务加服务

比如，设计服务加建筑服务。设计服务的税率是6%，建筑服务的税率是11%。

2.服务加无形资产

比如，允许他人使用自己的无形资产，并提供相应的咨询服务。咨询服务和无形资产适用的税率都是6%。

3.服务加不动产

比如，销售房子，同时提供装修设计或装修服务。房子和装修适用的税率都是11%，设计适用的税率是6%。

4.不动产加货物

比如，销售房子的同时，配上家电。房子适用的税率是11%，家电适用的税率是17%。

（二）兼营行为如何征税

什么是兼营？没有具体的定义。通常理解就是有不同性质的收入，既有货物收入，也有营改增不同性质的劳务收入等。

36号文附件一第39条规定："纳税人兼营销售货物、劳务、服务、无形资产或者不动产，适用不同税率或征收率的，应当分别核算适用不同税率或者征收率的销售额；未分别核算的，从高适用税率。"

第41条规定："纳税人兼营免税、减税项目的，应当分别核算免税、减税项目的销售额；未分别核算的，不得免税、减税。"

也就是说，非混合销售，不同性质的收入，征税和免税的收入应该分别核算。如果不分别核算，低税率的，按照高税率征税；可以免税的，不得免税。

（三）兼营行为的风险及规避

从上面的规定可以看出，兼营行为的风险，也是可以适用低税率的收入，被按照高税率收入征税；可以免税的，被征了税。

为了规避潜在的风险,需要注意以下两点:

1. 收入分别核算

各类不同性质的收入,最好分别核算。即使签在一个合同中、价格也是混在一起的,在财务处理上也应分别核算。

2. 价格公平合理

在确定不同性质收入的价格时,应该公平合理,不得为了少纳税,故意压低高税率收入的价格,加大低税率或免税收入的价格。如果这样做,将会有很大的风险。36号文附件一第44条规定:纳税人发生应税行为价格明显偏低或偏高且不具有合理商业目的的,主管税务机关有权调整销售额。——不具有合理商业目的,是指以谋取税收利益为主要目的,通过人为安排,减少、免除、推迟缴纳增值税税款。

20. 似是而非的六个增值税问题

增值税由于其独特的计算方法，导致纳税人对某些问题容易产生一些误解，造成不应有的损失。正确认识有关问题，消除误解，有助于正确选择、合理安排，以降低成本。增值税似是而非的问题，常见的包括以下六个：

1. 免税比征税好吗？
2. 不缴税比缴税好吗？
3. 少缴税比多缴税好吗？
4. 税负轻比税负重好吗？
5. 取得专用发票比取得普通发票好吗？
6. 开具普通发票比开具专用发票好吗？

针对上述问题，许多人的回答可能是"好"，但其实未必好。本文针对上述问题，详细分析什么情况下好，什么情况下不好，什么情况下一样。

一、判断好坏的标准

投资者投资办企业的目的是取得投资回报，投资回报的关键指标是利润。因此，有助于保障收入、降低成本、增加利润的做法，才是好的。

二、全面认识增值税的计算方法

本文只分析一般计税方法。增值税是价外税，价格和税款分离。价外税在销项税的体现，就是纳税人收取的全部款项，分为价款和税款。在进项税的体现，就是纳税人支付的全部款项，也分为价款和税款。

一般计税方法应纳税额的计算是：

$$应纳税额 = 销项税额 - 进项税额$$

全面认识这一方法，需要了解以下几点，才有助于理解为什么上述问题的答案是"未必好"。

（一）增值税是购进扣除法

进项税的抵扣，是购进扣税法，只要取得专票，不管相应支出取得的货物或服务用于以后多长时间，都可以一次抵扣。可以抵扣的进项税与销项税不是一一对应的关系，没有所得税收入和成本匹配、不确认收入不结转成本的要求，这就导致固定资产投资时，或者原材料购进较多时，因为进项税较大，可能长时间不缴税。

（二）进项税影响成本

纳税人可以抵扣的进项税，是自己花的钱，是自己花钱买来的。进项税的抵扣，相当于从自购买方收取的销项税中，扣下自己的进项税，余下的销项税才交给税务局，作为自己的应纳税额。进项税不能抵扣，只能计入成本。能够抵扣，相当于成本得到了补偿，成本降低。所以，进项税抵扣，实际上关系到成本高低问题。

（三）销项税影响收入

销项税和价款一样，都是从购买方取得的，是别人支付的钱。对营改增纳税人而言，如果营改增后，含税价不变，只能在原营业税价格基础上，分离出销项税，则收入会减少。如果在原营业税价格基础上，另外收取销项税，则收入维持不变。所以，销项税的计算，实际上关系到收入多少问题。

三、免税比征税好吗？

税收优惠几乎是每个税种都必不可少的，最大的优惠就是免税。但是，增值税的免税与其他税种真不一样，免税可能不如征税，这也是营改增的文件和增值税条例允许纳税人放弃免税的主要原因。

（一）免税为什么不好？

我们通过一个案例，说明免税对纳税人利润的影响。

A 公司购进货物支出 100 元，进项税是 17 元，销售货物的价格是 200 元，销售给 B 公司。假定价格都是不含税价格。

如果免税，A 公司只能向 B 公司收取价款 200 元，不能收取 34 元的销项税。由于免税，进项税 17 元不得抵扣，也得不到补偿，只能计入成本，货物成本是 117 元，毛利是 83 元。

如果征税，A 公司可以在向 B 公司收取价款 200 元的同时，收取销项税 34 元，进项税 17 元也可以抵扣，也就是得到补偿，购货成本是 100 元，毛利是 100 元。

上面的例子很清楚地说明，对 A 公司而言，免税不如征税好。

（二）免税什么时候好？

免税也有好的时候，不然就不会制定免税的优惠政策了。如果是含税价，免税比征税好。

假定 A 公司购进货物的价格是 100 元，进项税是 17 元，销售给

B公司的价格是含税价234元。此时，免税就比征税好了。

如果免税，A公司不用计算销项税，收入是234元，成本是117元，毛利是117元。

如果征税，A公司需要计算销项税34元，收入是200元，成本是100元，毛利是100元。

（三）免税的放弃与恢复

从上面的分析可以看出，免税不一定是好事。如果免税不好，可以选择放弃免税，向税局申请征税待遇。但是，36个月以后，才可以申请恢复免税。因此，纳税人应该慎重地考虑是否享受免税政策。

（四）购买方购进免税货物影响一样

对B公司而言，购进免税货物是好是坏的标准是采购成本。

还是同上面的例子，如果A公司的销售价格200元是不含税价，则A公司免税或征税，对B公司的影响一样。

A公司征税，B公司需要另外支付34元进项税，如果可以抵扣，则成本就是200元。如果A公司免税，B公司不需要另外支付进项税，则成本也是200元。

四、不缴税比缴税好吗？

如果A公司和B公司都不享受免税待遇，生产销售同样的货物，但是购进支出的规模不同，可能会导致A公司不缴税，B公司缴税。

A公司2016年7月购进支出300元，进项税是51元，销售收入是200元，销项税是34元，应纳税额是负17元，不用缴纳增值税。

B公司2016年7月购进支出是100元，进项税是17元，销售收入是200元，销项税是34元，应纳税额是17元。

由于增值税是购进扣税法，长期不缴税，有可能是购进支出安排不合理，占压了资金，不缴税未必是好事。

五、少缴税比多缴税好吗？

我们以同一家公司为例，比较少缴税与多缴税的影响。

（一）少缴税未必是好事

A 公司 2016 年 6 月，购进支出是 100 元，进项税是 17 元，销售收入是 200 元，销项税是 34 元，应纳增值税是 17 元，毛利是 100 元。

A 公司 2016 年 7 月，购进支出是 150 元，进项税是 25.5 元，销售收入是 200 元，销项税是 34 元，应纳增值税是 8.5 元，毛利是 50 元。

从 A 公司的情况可以看出，少缴税不如多缴税。

（二）少缴税何时是好事？

在支出一定的情况下，如果取得专票抵扣进项税，少缴税可能变成好事。

A 公司购进支出价税合计是 117 元，销售收入价税合计是 234 元，其中价款 200 元，销项税是 34 元。

如果 A 公司取得普通发票，则购进成本是 117 元，应纳增值税是 34 元，毛利是 83 元。

如果 A 公司取得专用发票，购进成本是 100 元，应纳增值税是 17 元，毛利是 100 元。

六、税负轻比税负重好吗？

根据现行规定，增值税税负按照应纳税额与不含税收入的比例计算。比如 A 公司缴纳增值税 5 元，不含税收入是 100 元，则税负就是 5%。

我们通过比较 A 公司和 B 公司的税负轻重，来分析税负轻重的好坏。

（一）税负轻重一样好坏

A 公司购进支出是 200 元，进项税是 34 元，销售收入是 300 元，销项税是 51 元,应纳增值税是 17 元,增值税税负是 5.67%（17/300），毛利是 100 元。

B 公司购进支出是 200 元，进项税是 34 元，留抵税额是 6 元，销售收入也是 300 元，销项税是 51 元，应纳税额是 11 元，增值税税负是 3.67%（11/300），毛利也是 100 元。

（二）税负轻不如税负重

假定 A 公司和 B 公司生产同样的产品，售价一样，但是各自的物耗不同，A 公司物耗大，B 公司物耗小。

A 公司购进支出是 200 元，进项税是 34 元，销售收入是 300 元，销项税是 51 元，应纳税额是 17 元，税负是 5.67%，毛利是 100 元。

B 公司购进支出是 150 元，进项税是 25.5 元，销售收入也是 300 元，销项税是 51 元，应纳税额是 25.5 元，税负是 8.5%，但毛利是 150 元。

从上面的分析可以看出，税负重的 B 公司比税负轻的 A 公司好。

（三）营改增后，税负加重也未必是坏事

A 公司是一个营改增试点企业，假定营改增之前，收入是 100 元，没有进项税，人工成本等是 40 元，应纳营业税是 5 元，毛利是 55 元。营改增之后，适用 6% 的税率，在 100 元之外，另外收取 6 元的销项税，缴纳增值税 6 元，毛利是 60 元。税负加重，但毛利增加。

七、取得专用发票比取得普通发票好吗？

许多营改增试点纳税人应对营改增的措施之一，是要求购进支出取得增值税专用发票，以增加抵扣。

抵扣问题，说到底是个成本问题，在含税支出一定的情况下，如果能取得专用发票，抵扣进项税，降低成本，则取得专用发票是好的。如果以另外支付进项税为代价，取得专票，则取得专票是不

好的，因为没有降低成本，反而占压了资金。

A公司是营改增试点纳税人，在营改增之前购进货物100元，取得增值税普通发票，成本是100元。如果取得价税合计100元，价款85.47元、税款14.53元的专用发票，则成本降低到85.47元，取得专票是好事。

如果以另外支付17元为代价，取得价款100元、税款17元的专用发票，则成本还是100元。自支付进项税到抵扣进项税，有个时间差，占压了资金。通过这种方式取得专票，就不好。

八、开具普通发票比开具专用发票好吗？

一些纳税人在给客户开具发票时，喜欢开普票，不乐意开专票。在价税合计一定的情况下，比如117元，无论是开具专票还是开具普票，销项税都是17元，纳税义务是一样的。但是对购买方而言，取得普票，购进成本是117元；取得专票，购进成本是100元。因此，最好给购买方开具专票，在不给自己造成不利影响的情况下，降低合作方的成本，何乐而不为呢？

导致上述问题的原因，除增值税的计算方法外，更重要的是增值税税负的概念、计算，都存在一定问题。本文之前有专门的文章论述此事，此处不再赘述。

21. 免税扩围：同业往来与金融商品转让的增值税免税

营改增对营业税优惠政策的处理，基本上是将营业税的优惠平移至增值税，体现在《财政部国家税务总局关于全面推开营业税改征增值税试点的通知》（财税〔2016〕36号）的《附件三：营业税改征增值税试点过渡政策的规定》（以下简称：36号文附件三），36号文附件三规定某些纳税人的金融商品转让收入和利息收入免征增值税。《财政部国家税务总局关于金融机构同业往来等增值税政策的补充通知》（财税〔2016〕70号，以下简称70号文），自2016年5月1日起，进一步扩大了转让金融商品和利息收入免税的范围。将金融商品转让免税的范围，扩大到人民币合格境外机构投资者（RQFII）和经人民银行认可的境外机构；将享受利息收入免税的同业往来范围，扩大到同业借款、买入返售金融商品、境内银行与境外银行等。

本文结合36号文附件三和70号文的规定，分析如下问题：

一、金融同业往来利息收入免税的原因及注意事项

二、36号文附件三关于金融同业往来利息免税的范围

三、70号文如何扩大了金融同业往来利息免税范围

四、36号文附件三关于金融商品转让的免税范围

五、70号文如何扩大了金融商品转让收入免税范围

一、金融同业往来利息收入免税的原因及注意事项

营业税的计税依据尽管是全额征税,但是为避免重复征税,也规定了大量免税和差额征税的规定。具体到对利息收入征收营业税的金融企业而言,金融企业之间经常发生资金拆借等往来业务,相互之间也取得或支付利息,金融企业借入资金的目的,一般是用于贷款,取得利息收入,由于金融企业的利息收入是全额计税,因此,为了避免重复征税,对金融企业自其他金融企业取得的利息,给予免征营业税的待遇。

比如A银行将100万元资金拆借给B银行一年,按照5%的利率,收取利息5万元;B银行将这笔资金贷款给C公司,按照7%的利率,收取利息7万元。由于B银行需要按照7万元计算缴纳营业税,A银行5万元的利息收入,已经作为B银行应税利息的组成部分,由B银行缴纳了营业税,为了避免重复征税,对A银行的利息收入免征营业税。

由于免税都有严格的条件,因此,纳税人在享受免税待遇时,应严格对照自己的条件,一条不符合,都不能享受优惠。切忌以为自己和享受优惠的人差不多,或者道理上可以,就贸然享受优惠,导致以后被补税罚款。

二、36号文附件三关于金融同业往来利息免税的范围

36号文附件三规定下列金融同业往来利息收入,免征增值税:

(一)金融机构与人民银行

金融机构与人民银行所发生的资金往来业务。包括人民银行的贷款和再贴现。

也就是说,人民银行给其他金融机构贷款或再贴现取得的利息收入,免征增值税。

（二）银行联行往来业务

同一银行系统内部不同行、处之间所发生的资金账务往来业务。不同银行之间的往来则不行。

（三）金融机构间的资金往来业务

是指经人民银行批准，进入全国银行间同业拆借市场的金融机构之间通过全国统一的同业拆借网络进行的短期（一年以下含一年）无担保资金融通行为。

（四）金融机构之间的转贴现业务

金融机构包括：银行、信用社、证券公司、金融租赁公司、证券基金管理公司、财务公司、信托投资公司、证券投资基金、保险公司及其他经"一行三会"批准成立且经营金融保险业务的机构。

三、70号文如何扩大了金融同业往来利息免税范围

70号文分别从外延和内涵两个角度，扩大了金融同业往来利息免税的范围。从外延扩大，是直接扩大免税范围；从内涵扩大，是扩大解释目前的规定。

（一）直接扩大免税范围——外延扩大

70号文将下列情况纳入金融同业往来利息收入免税的范围。

1. 同业存款

同业存款，是指金融机构之间开展的同业资金存入与存出业务，其中资金存入方仅为具有吸收存款资格的金融机构。

存款利息一直是不征税的，同业存款免税的规定，象征意义大于实际意义。

2. 同业借款

同业借款，是指法律法规赋予此项业务范围的金融机构开展的同业资金借出和借入业务。此条款所称"法律法规赋予此项业务范

围的金融机构"主要是指农村信用社之间以及在金融机构营业执照列示的业务范围中有反映为"向金融机构借款"业务的金融机构。

上述规定，大大扩展了同业往来的范围，取消了36号文附件三必须在全国银行间同业拆借市场拆借的限制。但是需要注意的是，限定条件还有一个：业务范围必须有"向金融结构借款"。

3. 同业代付

同业代付，是指商业银行（受托方）接受金融机构（委托方）的委托向企业客户付款，委托方在约定还款日偿还代付款项本息的资金融通行为。

4. 买断式买入返售金融商品

买断式买入返售金融商品，是指金融商品持有人（正回购方）将债券等金融商品卖给债券购买方（逆回购方）的同时，交易双方约定在未来某一日期，正回购方再以约定价格从逆回购方买回相等数量同种债券等金融商品的交易行为。

将买断式买入返售金融商品，正式定义为同业往来，彻底解决了一直困扰纳税人的是否纳税问题。

5. 持有金融债券

金融债券，是指依法在中华人民共和国境内设立的金融机构法人在全国银行间和交易所债券市场发行的、按约定还本付息的有价证券。

金融机构持有其他金融机构发行的债券，取得的利息免征增值税。但是没有明确的是，金融机构转让金融债券的收入，是否免税？由于没有免税的规定，还是应该征税的。

6. 同业存单

同业存单，是指银行业存款类金融机构法人在全国银行间市场上发行的记账式定期存款凭证。

也就是说，购买定期存款凭证的金融机构取得的利息收入，按照同业往来，免征增值税。

（二）扩大解释目前规定——内涵扩大

70号文有两项内涵扩大的规定，也非常重要。一是扩大商业银行与人民银行享受免税的业务范围，二是将同业往来扩大到境外。

1. 商业银行与人民银行

36号文附件三关于金融机构与人民银行的往来，只是限于人民银行对金融机构的贷款和再贴现。70号文则扩大到以下两项：

（1）商业银行购买央行票据

央行经常通过发票据来回笼货币。商业银行购买央行票据的利息收入，也可以免征增值税。

（2）与央行开展货币掉期和货币互存

商业银行与央行开展的上述业务取得的利息收入，可以免征增值税。

需要特别注意的是，上述优惠仅限于对商业银行，财务公司、证券公司等其他非银行金融机构不得享受上述优惠。

2. 境内银行与境外银行

外国银行一直在争取，其自境内分支机构取得的利息，也能享受免税优惠。这个问题终于得到了解决。70号文规定：境内银行与其境外的总机构、母公司之间，以及境内银行与其境外的分支机构、全资子公司之间的资金往来业务属于《过渡政策的规定》第一条第（二十三）款第2项所称的银行联行往来业务。

根据上述规定，境外银行自境内分行、子行取得的利息收入，免征增值税。境内银行自其境外分行、子行取得的利息收入，免征增值税。

四、36号文附件三关于金融商品转让的免税范围

根据36号文附件三，下列金融商品转让收入，免征增值税：

1. 合格境外机构投资者（QFII）委托境内公司在我国从事证券买卖业务。

2. 香港市场投资者（包括单位和个人）通过沪港通买卖上海证券交易所上市A股。

3. 对香港市场投资者（包括单位和个人）通过基金互认买卖内地基金份额。

4. 证券投资基金（封闭式证券投资基金、开放式证券投资基金）管理人运用基金买卖股票、债券。

5. 个人从事金融商品转让业务。

五、70号文如何扩大了金融商品转让收入免税范围

70号文扩大了境外机构转让金融商品免税的范围。具体包括一项两类：

1. 人民币合格境外投资者

人民币合格境外投资者（RQFII）委托境内公司在我国从事证券买卖业务，可以享受增值税免税待遇。

2. 人民银行认可的境外机构

经人民银行认可的境外机构，投资银行间本币市场取得的收入属于《过渡政策的规定》第一条第（二十二）款所称的金融商品转让收入。银行间本币市场包括货币市场、债券市场以及衍生品市场。

22. 内销选择性征收关税 地域范围进一步扩大

　　税收法规分为政策性法规和征管性法规。从不同方面影响税额的法规，一般属于政策性法规，由财政部和国家税务总局联合发布。不影响税额的法规，一般属于征管性法规，由税务总局单独发布。但是涉及进口关税的政策性法规，由财政部、税务总局、海关总署三家联合发布。《关于扩大内销选择性征收关税政策试点的通知》（财关税〔2016〕40号，以下简称40号文），就是由上述三家财税主管部门发布的一份关税政策性文件，主要惠及海关特殊监管区域内的加工贸易企业。需要注意的是，关税和进口增值税、消费税由财政部关税司负责，文号都是"财关税"；其他税由财政部税政司负责，文号都是"财税"。本文结合有关规定，分析以下问题：

　　一、加工贸易基本情况介绍

　　二、40号文规定的主要内容

　　三、加工贸易企业可以选择什么？

　　四、哪里的加工贸易企业可以选择？

　　五、加工贸易企业何时选择？

　　六、补征关税时计算缓税利息

一、加工贸易基本情况介绍

加工贸易一直是我国对外贸易的重要形式，经常占进出口总额的一半左右。根据海关的有关规定，"加工贸易"是指经营企业进口全部或者部分原辅材料、零部件、元器件、包装物料（以下统称料件），经过加工或者装配后，将制成品复出口的经营活动，包括来料加工和进料加工。加工贸易进口的料件，一般实行保税监管，进口时不征收进口关税和进口环节税，加工为成品后，应出口到国外。如果内销到国内市场，应补征进口关税和进口环节税。如果不补税就内销，就是走私了。

但是补征关税时，按照料件补征关税，还是按照成品补征关税？因为料件和成品的关税税率可能不一样。海关特殊监管区之外的加工贸易企业，按照料件的税率补征关税；监管区域之内的加工贸易企业，按照成品征税。比如《中华人民共和国海关对出口加工区监管的暂行办法》第19条规定："对加工区运往区外的货物，海关按照对进口货物的有关规定办理报关手续，并按照制成品征税。"

如果料件和成品的税率不一致，能否选择？40号文就是规定如何选择补税的问题的。

二、40号文规定的主要内容

根据40号文，自2016年9月1日起，将内销选择性征收关税政策试点扩大到天津、上海、福建、广东四个自贸试验区所在省（市）的其他海关特殊监管区域（保税区、保税物流园区除外），以及河南新郑综合保税区、湖北武汉出口加工区、重庆西永综合保税区、四川成都高新综合保税区和陕西西安出口加工区5个海关特殊监管区域。

内销选择性征收关税政策是指：对海关特殊监管区域内企业生

产、加工并经"二线"内销的货物,根据企业申请,按其对应进口料件或按实际报验状态征收关税,进口环节增值税、消费税照章征收。企业选择按进口料件征收关税时,应一并补征关税税款缓税利息。

40号文的规定,对位于有关海关特殊监管区域内的加工贸易企业,是一大利好,可以减少内销补税的负担。这一政策并有望扩大到其他海关特殊监管区域。

上述规定,实际包括以下几个问题:选择什么,谁来选择,何时选择等。

三、加工贸易企业可以选择什么?

选择按照进口料件征税,还是按照实际报验状态征税。

实际报验状态是指申报时的状态,除边角料、残次品等外,一般是成品。比如,一加工贸易企业进口布料,然后加工成衣服,加工的衣服没有出口,而是内销了,需要补征关税,报验状态就是衣服,而不是布料。由于布料和衣服的关税税率可能不一样,有高有低,如果布料关税的税率低,可以选择按照布料的税率征收关税;如果衣服的税率低,可以选择按照衣服的税率征收关税。

尽管成品的税率一般低于料件,但是也有料件关税税率低于成品的情况,因此,40号文实际是一项优惠政策。

四、哪里的加工贸易企业可以选择?

从事加工贸易的企业,有的在海关特殊监管区域内,有的在海关特殊监管区域外。根据40号文,只有在海关特殊监管区域内的企业,其生产加工内销的货物,才有权选择。这将有利于将区外的加工贸易企业引导到海关特殊监管区域之内。

海关特殊监管区域是个统称,保税区、保税物流园区、综合保税区、保税港区、出口加工区、自由贸易区等，都是类型不同、功能不同的各类海关特殊监管区域。

根据40号文，4个自由贸易区中的保税区、保税物流园区内的企业不得选择，这将抑制保税区内企业的加工行为。

五、加工贸易企业何时选择？

何时选择？什么时候征收关税，什么时候选择。

什么时候征收关税？什么时候将货物内销，什么时候征收关税。

所以40号文规定："海关特殊监管区域内企业生产、加工，并经'二线'内销的货物"，也就是经"二线"内销补征关税时，选择按照料件还是成品补征关税。

何谓"二线"？这是海关对监管边界的一个俗称。特殊监管区域的一个共同特点是"境内关外"，即国境以内，关境以外。国境类似于"一线"，货物进入国境后，如果进入海关特殊监管区域，还没有实际进入国内市场，就叫进了"一线"，这个时候不用缴纳关税和增值税，因为还没有真正进口，海关监管相对较少，常用的一个说法是"一线放开"。货物什么时候进入国内市场，才算正式进口，需要缴纳关税和增值税，这个时候就叫进入了"二线"。如果不缴纳关税和增值税就进入国内市场，就是走私了，常用的一个说法是"二线管住"。

六、补征关税时计算缓税利息

根据40号文，"企业选择按进口料件征收关税时，应一并补征关税税款缓税利息。"

补征缓税利息，不是40号文的新规定，而是早就有的。加工贸易企业在进口料件时，一般是保税进口，没有缴纳进口关税。如果

流转税

加工后再出口，不存在补征关税的问题；如果是内销，相当于在进口料件时就应征收关税。因此，在补征关税时，缓税利息应一并补征。

加工贸易缓税利息应根据填发海关税款缴款书时海关总署公布的最新缓税利息率按日征收。缓税利息计算公式如下：

应征缓税利息 = 应征税额 × 计息期限 × 缓税利息率 ÷ 360

23. 限售股转让的营业税和增值税：是否征收如何征收

无论是营业税还是增值税，买卖股票的价差都要征税。但是限售股，尤其是公司上市之前的原始股东在公司上市后转让股票，是否按照转让股票计算价差征收营业税或增值税呢？这个问题一直不是特别清楚。《关于营改增试点若干征管问题的公告》（国家税务总局公告2016年第53号，以下简称53号公告），明确了如何确定限售股的购入价，实际是明确了应该计算价差征收增值税，同时规定以前没有缴纳营业税的，也要比照执行。本文结合营业税、增值税和征管法的有关规定，分析以下问题：

一、购入股票与转让股票的营业税

二、转让股权不征收营业税

三、原始股东转让股票的营业税

四、转让限售股应该缴纳增值税

五、转让股票应征增值税的销售额

六、股息收入与股权转让收入的增值税

七、转让限售股营业税可以追征几年？

一、购入股票与转让股票的营业税

根据营业税的有关规格,购入股票,不征收营业税,但是转让股票,征收营业税。

《营业税税目注释(试行稿)》(国税发〔1993〕149号,以下简称"149号文")规定:"存款或购入金融商品行为,不征收营业税。"

存款行为不征收营业税,是指存款利息不征收营业税。所以,无论是个人还是企业,存款利息收入,都不征收营业税。

购入金融商品行为不征收营业税,也是指购入金融商品取得的收入不征收营业税。所以,购入股票取得股息,只要不转让股票,就不征收营业税。

但是,转让股票就要按照转让金融商品征收营业税了。怎么征呢?《关于营业税若干政策问题的通知》(财税〔2003〕16号,以下简称"16号文")规定:"金融企业(包括银行和非银行金融机构,下同)从事股票、债券买卖业务,以股票、债券的卖出价减去买入价后的余额为营业额。买入价依照财务会计制度规定,以股票、债券的购入价减去股票、债券持有期间取得的股票、债券红利收入的余额确定。"

也就是说,A公司100元购入某支股票,105元卖掉,持有期间取得股息3元,则应征收营业税的营业额是:

105-(100-3)=105-97=8(元)

二、转让股权不征收营业税

尽管股票是股权的凭证,但是在营业税中,股权和股票的政策不同。《关于股权转让有关营业税问题的通知》(财税〔2002〕191号)规定:"对股权转让不征收营业税。"

也就是说,转让非上市公司的股权,不征收营业税。

三、原始股东转让股票的营业税

根据上述规定，买卖股票按照金融商品转让，征收营业税；转让股权，不征收营业税。那么，原始股东在公司上市发行股票之前持有股权，上市之后变成了股票，转让这类股票，需要按照买卖股票缴纳营业税吗？

对这个问题的理解不一，做法不一。

支持征税的理由是，既然是卖股票，就要征税，只是购入股票的价格如何确定，没有规定。有些地方的税局，就按照上市时的发行价，或者折股的成本价，作为购入股票的价格。

反对征税的理由是，原始股东持有的股权变成的股票，没有购入股票的过程，按照买卖股票征税缺乏法律依据，如何确定购入价格，也没有规定。

跳出具体的税法规定，根据一般的原理，对公权而言，法无授权则不可为；对私权而言，法无禁止则可为。税务局应依法征税，纳税人应依法纳税。在是否纳税不清楚的情况下，纳税人可以选择不纳税，税务局应选择不征税。

四、转让限售股应该缴纳增值税

原始股东持有的股权，许多属于限售股。53号公告关于如何确定限售股买入价的规定，实际是明确了转让限售股应该缴纳增值税，同时也明确了应该缴纳营业税。

限售股的购入价，根据不同的情况，有不同的确定方法。

（一）股权分置改革形成的限售股

上市公司实施股权分置改革时，在股票复牌之前形成的原非流通股股份，以及股票复牌首日至解禁日期间由上述股份孳生的送、转股，以该上市公司完成股权分置改革后股票复牌首日的开盘价为买入价。

（二）首次公开发行股票形成的限售股

公司首次公开发行股票并上市形成的限售股，以及上市首日至解禁日期间由上述股份孳生的送、转股，以该上市公司股票首次公开发行（IPO）的发行价为买入价。

（三）重大资产重组形成的限售股

因上市公司实施重大资产重组形成的限售股，以及股票复牌首日至解禁日期间由上述股份孳生的送、转股，以该上市公司因重大资产重组股票停牌前一交易日的收盘价为买入价。

五、转让股票应征增值税的销售额

在征收营业税时，持有股票期间取得的股息应冲减购入股票的价格，实际是计入营业额，征收营业税的。那么，营改增之后呢？

根据《财政部国家税务总局关于全面推开营业税改征增值税试点的通知》（财税〔2016〕36号）附件二《营业税改征增值税试点有关事项的规定》，金融商品转让，按照卖出价扣除买入价后的余额为销售额。金融商品的买入价，可以选择按照加权平均法或者移动加权平均法进行核算，选择后36个月内不得变更。

也就是说，营改增后，没有将持有期间的股息作为价差征收增值税的规定。还是按照上面的例子，A公司100元购入某只股票，105元卖掉，持有期间取得股息3元，则应征收增值税的销售额是：

105−100=5（元）

六、股息收入与股权转让收入的增值税

根据营业税的有关规定，取得股息收入，只要不转让股票，股息收入不征收营业税；转让股权，也不征收营业税。那么营改增之

后呢？

股息收入，转让非上市公司股权收入，是否征收增值税？

根据营改增的法规，尽管目前没有免税的规定，但是也没有征税的规定，股息收入和转让股权收入，不征收增值税。

不征税与免税不同。不征税，是指不在征税范围内，是不需要发文明确的，只要没有征税的依据，就不征税。免税，是指在征税范围内，有纳税义务，只不过免除了纳税义务，这是需要明确规定的。

七、转让限售股营业税可以追征几年？

53号公告，自2016年9月1日起施行，此前已发生未处理的事项，比照执行，也就是纳税人转让限售股，应追缴营业税。那么，往前追几年呢？

根据《税收征收管理法》第52条的规定："因税务机关的责任，致使纳税人、扣缴义务人未缴或者少缴税款的，税务机关在三年内可以要求纳税人、扣缴义务人补缴税款，但是不得加收滞纳金。"

限售股的营业税问题，是否可以适用上述条款呢？应该是可以的，因为是税法不清楚，才导致转让限售股的纳税人没有缴纳营业税的。53号公告自2016年9月1日执行，因此，在2013年9月1日前转让限售股没有缴纳营业税的纳税人，不用按照53号公告补缴营业税。

24. 发卡与刷卡的增值税：征收与开票

现在，许多企业通过发卡提前回笼资金，许多消费者通过刷卡消费。发卡与刷卡，导致资金、服务、消费等环节脱节。收到现金的，不一定是销售货物或提供服务的。支付现金的时候，不一定消费；消费的时候，不一定支付现金。因此，如何处理发卡与刷卡的增值税，也成为了让纳税人困惑的一个问题。2016年9月1日执行的《关于营改增试点若干征管问题的公告》（国家税务总局公告2016年第53号，以下简称53号公告），明确了与发卡和刷卡有关的增值税问题。本文结合对53号公告的解读，分析如下问题：

一、单用途卡的当事各方及流程

二、单用途卡当事各方的纳税与开票

三、多用途卡当事各方的纳税与开票

四、开票可不征税，流向可不合一

一、单用途卡的当事各方及流程

按照53号公告的规定，单用途卡，是指发卡企业按照国家有关规定发行的，仅限于在本企业、本企业所属集团或者同一品牌特许经营体系内兑付货物或者服务的预付凭证。

简单地说，单用途卡就是消费范围受到限制的预付凭证。

（一）单用途卡当事各方

1. 发卡企业

指按照国家有关规定发行单用途卡的企业。

2. 售卡企业

指集团发卡企业或者品牌发卡企业指定的，承担单用途卡销售、充值、挂失、换卡、退卡等相关业务的本集团或同一品牌特许经营体系内的企业。

3. 货物或服务的销售方

指持卡人消费时，销售货物或服务的商家。

4. 购卡人

指购买卡的单位或个人。

5. 持卡消费者

指用卡消费的单位或个人。

（二）发卡与刷卡的流程及问题

上述当事各方的业务流程，一般是：

发卡企业请售卡企业帮助发卡取得现金；购卡人自己或别人持卡，到指定的单位消费；实际提供服务的单位，再与发卡企业结算。

有关各方涉及的增值税问题是：

发卡企业，通过发卡取得现金时，是否缴纳增值税？是否开具发票？开具何种发票？

售卡企业，在帮助发卡企业办理销售、结算等业务时，是否缴纳增值税，如何缴纳增值税？

提供服务的单位在销售商品或服务时，如何缴纳增值税？如何开具发票？在与售卡企业结算时，是否纳税？如何开票？

购卡方或持卡消费方，在购卡或消费时，能否取得发票，取得何种发票？

二、单用途卡当事各方的纳税与开票

53号公告将当事各方的增值税纳税和开票问题，作了十分明确、合理的规定。

（一）售卡方预收资金不纳税，开普票

单用途卡发卡企业或者售卡企业（以下统称"售卡方"）销售单用途卡，或者接受单用途卡持卡人充值取得的预收资金，不缴纳增值税。售卡方向购卡人、充值人开具增值税普通发票，不得开具增值税专用发票。

售卡方取得预收资金时，还没有实际发生货物销售或服务提供，而且实际销售货物和提供服务的，不一定是售卡方，因此，此时不缴纳增值税。

但是，售卡方收了钱，就得给付款方开发票，开什么票呢？因为不缴税，只能开增值税普通发票。

（二）售卡方服务费收入纳税

售卡方因发行或者销售单用途卡并办理相关资金收付结算业务取得的手续费、结算费、服务费、管理费等收入，应按照现行规定缴纳增值税。

按照什么税目，适用什么税率呢？根据业务性质，适用"商务辅助服务"中的"经纪代理服务"，似乎更合适，税率是6%。

开什么票呢？53号公告没有规定必须开普票，因此，可以开具

增值税专用发票。

（三）销售方缴纳增值税，不开票

持卡人使用单用途卡购买货物或服务时，货物或者服务的销售方应按照现行规定缴纳增值税，且不得向持卡人开具增值税发票。

持卡人消费时，实际销售货物和服务的单位，负有增值税纳税义务，应缴纳增值税。但由于发票已经在售卡时开具了，因此，持卡人实际消费时，销售方不得再开具发票，哪怕是增值税普通发票。

（四）销售方与售卡方结算，不缴税，开普票

销售方与售卡方不是同一个纳税人的，销售方在收到售卡方结算的销售款时，应向售卡方开具增值税普通发票，并在备注栏注明"收到预付卡结算款"，不得开具增值税专用发票。

持卡人消费应支付的款项，早就支付给发卡方了，因此，销售方需要再向售卡方结算销售款，需要给售卡方开具普票。但是，销售方不得再次结算缴纳增值税。

售卡方从销售方取得的增值税普通发票，作为其销售单用途卡或接受单用途卡充值取得预收资金不缴纳增值税的凭证，留存备查。

三、多用途卡当事各方的纳税与开票

多用途卡，是指发卡机构以特定载体和形式发行的，可在发卡机构之外购买货物或服务的预付价值凭证。

多用途卡当事各方的纳税与开票，与单用途卡基本相同。

（一）支付机构售卡取得资金，不纳税，开普票

支付机构销售多用途卡取得的等值人民币资金，或者接受多用途卡持卡人充值取得的充值资金，不缴纳增值税。支付机构可向购卡人、充值人开具增值税普通发票，不得开具增值税专用发票。

支付机构，是指取得中国人民银行核发的《支付业务许可证》，

获准办理"预付卡发行与受理"业务的发卡机构和获准办理"预付卡受理"业务的受理机构。

(二) 支付机构服务费收入缴纳增值税

支付机构因发行或者受理多用途卡并办理相关资金收付结算业务取得的手续费、结算费、服务费、管理费等收入，应按照现行规定缴纳增值税。

(三) 特约商户销售货物或服务，纳税但不开票

持卡人使用多用途卡，向与支付机构签署合作协议的特约商户购买货物或服务，特约商户应按照现行规定缴纳增值税，且不得向持卡人开具增值税发票。

(四) 特约商户与支付机构结算销售款，开普票

特约商户收到支付机构结算的销售款时，应向支付机构开具增值税普通发票，并在备注栏注明"收到预付卡结算款"，不得开具增值税专用发票。

支付机构从特约商户取得的增值税普通发票，作为其销售多用途卡或接受多用途卡充值取得预收资金不缴纳增值税的凭证，留存备查。

四、开票可不征税，流向可不合一

针对增值税，有些似是而非的认识，比如开票就得征税，物流、资金流、发票流必须三流合一等。但从53号公告的规定就可以看出，开票可以不征税，三流可以不合一。

尽管税务局是以票控税，但并不是开票就得缴税。在收到付款方支付的资金时，可以开具增值税普通发票，但是，如果不是增值税应税收入，可以不计算增值税。比如售后回租的承租人，在销售设备给租赁公司时，取得设备收入，不征收增值税，但是可以开具

普通发票。如果是免税收入,也可以开具普通发票。纳税申报时,再作不征税或免税申报。

当然,如果开具增值税专用发票,相当于放弃了免税或不征税,只能计算缴纳增值税了,因为取得发票的一方,可能用于抵扣,少缴增值税了。

纳税人的经营活动非常复杂,很难完全做到货物流、资金流、发票流完全一致。在20世纪90年代征收增值税的初期,因为虚开发票的问题比较严重,税局在管理上有些特殊的要求,但是现在税局的征管手段已经非常先进了,对以前的一些规定早已不再强调,甚至不再执行了。只要交易真实合法,没有通过虚假交易少缴增值税,就可以控制增值税风险。

对于持卡消费的企业来说,由于购卡时取得的是增值税普通发票,不得抵扣进项税,这导致了购进成本增加,因此,应尽量限制使用购物卡。

25. 不动产经营租赁增值税：税额计算与纳税申报

纳税人以经营租赁方式出租其通过直接购买、接受捐赠、接受投资、自建或抵债等方式取得的不动产，如何缴纳增值税？国家税务总局在《关于发布〈纳税人提供不动产经营租赁服务增值税征收管理暂行办法〉的公告》（国家税务总局公告2016年第16号，以下简称16号公告）中，作了具体规定。本文结合对16号公告的解读，介绍以下问题：

一、一般纳税人不动产经营租赁

二、小规模纳税人不动产经营租赁

三、个人不动产经营租赁

四、不动产经营租赁的预缴和申报

五、不动产经营租赁开具发票

一、一般纳税人不动产经营租赁

一般纳税人的不动产经营租赁，根据不动产取得时间，不动产与机构所在地是否在一个地方，分别有不同的规定。

（一）简易计税方法

一般纳税人出租其2016年4月30日之前取得的不动产，可以选择适用简易计税方法，按照5%的征收率计算应纳税额。

不动产所在地与机构所在地不在同一县市的，按照上述方法向不动产所在地主管国税局预缴税款，向机构所在地国税局申报纳税。

应预缴税款＝含税销售额÷（1+5%）×5%

按照上述方法，税款全部缴纳在了不动产所在地，在机构所在地只是履行一个申报程序，告知机构所在地税局，自己已经在不动产所在地足额缴纳了增值税。

（二）一般计税方法

适用一般计税方式，分为两种情况。一是纳税人出租其2016年5月1日后取得的不动产；二是纳税人出租其营改增之前取得的不动产，选择适用一般计税方法。

不动产所在地与机构所在地不在同一县市的，按照3%的预征率向不动产所在地主管税局预缴税款，向机构所在地国税局申报纳税。

应预缴税款＝含税销售额÷（1+11%）×3%

不动产所在地与机构所在地在同一县（市、区）的，纳税人直接向机构所在地主管国税机关申报纳税，没有预缴的问题。

二、小规模纳税人不动产经营租赁

单位和个体工商户出租不动产（不含个体工商户出租住房），按照5%的征收率计算应纳税额。

应纳税额＝含税销售额÷（1+5%）×5%

流转税

个体工商户出租住房,按照5%的征收率减按1.5%计算应纳税额。

应纳税额＝含税销售额÷（1+5%）×1.5%

不动产所在地与机构所在地不在同一县（市、区）的,纳税人应按照上述计税方法向不动产所在地主管国税机关预缴税款,向机构所在地主管国税机关申报纳税。

三、个人不动产经营租赁

个人出租不动产（不含住房）,按照5%的征收率计算应纳税额,向不动产所在地主管地税机关申报纳税。

个人出租住房,按照5%的征收率减按1.5%计算应纳税额,向不动产所在地主管地税机关申报纳税。

出租住房应纳税额＝含税销售额÷（1+5%）×1.5%

出租非住房应纳税额＝含税销售额÷（1+5%）×5%

四、不动产经营租赁的预缴和申报

纳税人出租不动产,需要预缴税款的,应在取得租金的次月纳税申报期或不动产所在地主管国税机关核定的纳税期限预缴税款,预缴税款时,应填写《增值税预缴税款表》。

向不动产所在地主管国税机关预缴的增值税款,可以在当期增值税应纳税额中抵减,抵减不完的,结转下期继续抵减。

纳税人以预缴税款抵减应纳税额,应以完税凭证作为合法有效凭证。

五、不动产经营租赁开具发票

小规模纳税人中的单位和个体工商户出租不动产,不能自行开具增值税发票的,可向不动产所在地主管国税机关申请代开增值税发票。

个人出租不动产，可向不动产所在地主管地税机关申请代开增值税发票。

纳税人向个人出租不动产，不得开具或申请代开增值税专用发票。

26. 增值税发票：开具、抵扣、作废、红字

税务局的征管是"以票控税"，金税工程的起因和核心，就是要控制增值税发票风险。对纳税人而言，控制税务风险的一个关键问题，也是控制发票的风险。如何处理好与发票开具、抵扣、作废、红字等有关的问题，成为了增值税纳税人不得不重视的一个问题。本文结合税务总局出台的与增值税发票有关的文件，介绍与发票有关的如下问题：

一、一般纳税人开具专用发票

二、小规模纳税人开具专用发票

三、营改增后取得营业税收入如何开票？

四、发票开具的一般要求和特殊要求

五、代开增值税发票和代征税款的流程

六、销售方应尽量开具增值税专用发票

七、购买方索取发票需要提交什么资料？

八、进项发票应按时认证并抵扣税款

九、进项发票没有按时认证抵扣怎么办？

十、纳税信用A级和B级纳税人取消扫描认证

十一、查询、选择、确认用于抵扣或退税的发票

十二、通行费可计算进项税抵扣

十三、被盗丢失发票不再登报

十四、发票作废的条件和方式

十五、红字发票的范围和方式

上述问题，既适用于营改增纳税人，也适用于营改增之前的增值税纳税人。

一、一般纳税人开具专用发票

（一）什么情况可以开专用发票

发票是一种商事凭证，交易双方交易行为发生或完成就可以开具发票。根据《财政部国家税务总局关于全面推开营业税改征增值税试点的通知》（财税〔2016〕36号，以下简称36号文）附件一第53条的规定，纳税人发生应税行为，应当向索取增值税专用发票的购买方开具增值税专用发票，但是下列行为不得开具专用发票：

1. 向消费者个人销售服务、无形资产或者不动产。
2. 适用免征增值税规定的应税行为。

也就是说，不得开具专用发票的就是上述两种情况。其实，免税收入可以开具专票，只不过开具专票后，就相当于放弃免税了。所以，严格来讲，真正不得开具专票的情形，就是不得向个人开具专票。小规模纳税人尽管不能抵扣进项税，但可以向销售方索取增值税专用发票。

（二）什么时间可以开专用发票

根据《国家税务总局关于修订〈增值税专用发票使用规定〉的通知》（国税发〔2006〕156号），纳税义务发生时，开具专票。36号文附件一第45条规定了纳税义务发生时间的标准：

1. 收到钱了

纳税人在销售服务、无形资产、不动产过程中或完成后收到款项。

2. 合同约定的付款时间

书面合同确定的付款日期。

3. 干完活了或权属变了

没有签订合同或合同没有付款日期的，为服务完成的当天，或无形资产和不动产权属变更的当天。

4. 建筑服务和租赁服务预收款了

提供建筑服务、租赁服务采取预收款方式的，为收到预收款的当天。

5. 开了票了

关于纳税义务发生时间的规定，先开具发票的，为开具发票的当天。只要一开票，纳税义务也就发生了。

具备上述一条标准后，纳税义务就发生了，就可以开票了（除了先开具发票的情形）。

二、小规模纳税人开具专用发票

36号文附件一第54条规定，小规模纳税人发生应税行为，购买方索取增值税专用发票的，可以向主管税局申请代开。

小规模纳税人不是不能开具专用发票，只是不能自己开，而是需要请税务局代开。当然，由于征收率低于税率，即使代开专票，也影响购买方的抵扣。

三、营改增后取得营业税收入如何开票？

有些纳税人在营改增之前发生营业税纳税义务并缴纳了营业税，但是因为没有取得收入，没有开具发票。在营改增之后，如果取得相应收入，如何开票？

按照《关于全面推开营业税改征增值税试点有关税收征收管理事项的公告》（国家税务总局公告2016年第23号，以下简称23号公告）的规定，"纳税人在地税机关已申报营业税未开具发票，2016年5月1日以后需要补开发票的，可于2016年12月31日前开具增值税普通发票（税务总局另有规定的除外）。"

但是《关于发布〈房地产开发企业销售自行开发的房地产项目

增值税征收管理暂行办法〉的公告》（国家税务总局公告 2016 年第 18 号）规定，房地产企业销售自己开发的项目，在营改增后收到之前交纳过营业税的款项，开具增值税普通发票，没有时间限制。

四、发票开具的一般要求和特殊要求

23 号公告规定了具有普遍性的选择编码开具要求，也对某些收入如何开票作了特殊的要求。

（一）选择编码开具发票

税务总局编写了《商品和服务税收分类与编码（试行）》，并在新系统中增加了编码相关功能。自 2016 年 5 月 1 日起，纳入新系统推行范围的试点纳税人及新办增值税纳税人，应使用新系统选择相应的编码开具增值税发票。

给商品和服务编码，对处理分析发票信息提供了便利条件。读者也许会联想到企业所得税申报表，也是每张表编码。

（二）建筑服务开票要求

提供建筑服务，纳税人自行开具或者税务机关代开增值税发票时，应在发票的备注栏注明建筑服务发生地县（市、区）名称及项目名称。

（三）销售不动产开票要求

销售不动产，纳税人自行开具或者税务机关代开增值税发票时，应在发票"货物或应税劳务、服务名称"栏填写不动产名称及房屋产权证书号码（无房屋产权证书的可不填写），"单位"栏填写面积单位，备注栏注明不动产的详细地址。

（四）出租不动产开票要求

出租不动产，纳税人自行开具或者税务机关代开增值税发票时，应在备注栏注明不动产的详细地址。

（五）个人出租住房开票要求

个人出租住房适用优惠政策减按 1.5% 征收增值税，纳税人自行开具或者税务机关代开增值税发票时，通过新系统中征收率减按 1.5% 征收开票功能，录入含税销售额，系统自动计算税额和不含税金额，发票不应与其他应税行为混开。

（六）代开发票如何填写"销售方开户行及账号"

税务机关代开增值税发票时，"销售方开户行及账号"栏填写税收完税凭证字轨及号码或系统税票号码（免税代开增值税普通发票可不填写）。

五、代开增值税发票和代征税款的流程

根据《关于纳税人申请代开增值税发票办理流程的公告》（国家税务总局公告 2016 年第 59 号），因国税和地税合作的不同情况，程序略有不同。

（一）地税局委托国税局代征税费

在地税局委托国税局代征税费的办税服务厅，纳税人按照以下程序办理：

1. 在国税局办税服务厅指定窗口：

（1）提交《代开增值税发票缴纳税款申报单》；

（2）自然人申请代开发票，提交身份证件及复印件；

其他纳税人申请代开发票，提交加载统一社会信用代码的营业执照（或税务登记证或组织机构代码证）、经办人身份证件及复印件。

2. 在同一窗口申报缴纳增值税等有关税费。

3. 在同一窗口领取发票。

（二）国税地税合作、共建的办税服务厅

纳税人按照以下程序办理：

1. 在办税服务厅国税指定窗口：

（1）提交《代开增值税发票缴纳税款申报单》；

（2）自然人申请代开发票，提交身份证件及复印件；

其他纳税人申请代开发票，提交加载统一社会信用代码的营业执照（或税务登记证或组织机构代码证）、经办人身份证件及复印件。

2. 在同一窗口缴纳增值税。

3. 到地税指定窗口申报缴纳有关税费。

4. 到国税指定窗口凭相关缴纳税费证明领取发票。

（三）代征税款的范围

根据《关于规范国税机关代开发票环节征收地方税费工作的通知》（税总发［2016］127号），地税委托国税机关代征的，国税机关应当在代开发票环节征收增值税，并同时按规定代征城市维护建设税、教育费附加、地方教育附加、个人所得税（有扣缴义务人的除外）以及跨地区经营建筑企业项目部的企业所得税。也可为地税机关代征资源税、印花税及其他非税收入。

六、销售方应尽量开具增值税专用发票

对销售方而言，无论向购买方开具增值税专用发票还是普通发票，对其纳税义务而言，没有任何区别。以含税收入117元为例，开具专用发票，销项税是17元；开具普通发票，也要计算销项税17元。

但是对购买方而言，如果取得价税合计117元的普通发票，成本是117元；而如果取得价税合计117元的专用发票，成本就可以降低到100元。

因此，销售方在开具发票时，应尽量给对方开具专用发票。在不增加自己负担的情况下，降低对方的成本，何乐而不为呢？

七、购买方索取发票需要提交什么资料？

作为购买方，索取发票时提供什么信息，销售方就必须开具发票？

根据《关于开展增值税发票使用管理情况专项检查的通知》（税总函〔2016〕455号），如果是单位或个体工商户，索取增值税专用发票时，应向销售方提供：购买方名称、纳税人识别号、地址电话、开户行及账号等四项信息，不须提供相关证件或其他证明材料。

如果索取增值税普通发票，不须提供相关证件或其他证明材料。

八、进项发票应按时认证并抵扣税款

纳税人取得的进项税发票是用来抵扣进项税的，取得发票抵扣进项税，应按照规定时间认证并抵扣。

根据《国家税务总局关于调整增值税扣税凭证抵扣期限有关问题的通知》（国税函〔2009〕617号），一般纳税人取得开具的增值税专用发票后，应在开具之日起180日内到税务机关办理认证，并在认证通过的次月申报期内，向主管税务机关申报抵扣进项税额。未在规定期限内到税务机关办理认证、申报抵扣或者申请稽核比对的，不得作为合法的增值税扣税凭证，不得计算进项税额抵扣。

当然，金税三期上线后，纳税信用A级和B级纳税人认证程序简单了，但不是不认证了。因此，没有按时认证抵扣的风险，仍可能存在。

发生不得抵扣的情况，有没有解决办法呢？有。

九、进项发票没有按时认证抵扣怎么办？

分两种情况，如果没有在规定时间内认证，则须层报总局认证。如果在规定时间内认证，但是没有及时抵扣，则主管税局可以批准抵扣。

（一）层报税务总局批准

根据《关于逾期增值税扣税凭证抵扣问题的公告》（国家税务总局公告2011年第50号），对增值税一般纳税人发生真实交易但由于客观原因造成增值税扣税凭证逾期的，经主管税务机关审核、逐级上报，由国家税务总局认证、稽核比对后，比对相符的增值税扣税凭证，允许纳税人继续抵扣其进项税额。客观原因包括自然灾害、被盗丢失、司法扣押、经济纠纷、人员离职等。

（二）提请主管税局批准

根据《关于未按期申报抵扣增值税扣税凭证有关问题的公告》（国家税务总局公告2011年第78号），增值税一般纳税人取得的增值税扣税凭证已认证或已采集上报信息，但未按照规定期限申报抵扣，属于发生真实交易，且符合规定的客观原因的，经主管税务机关审核，允许纳税人继续申报抵扣其进项税额。

十、纳税信用A级和B级纳税人取消扫描认证

纳税信用A级和B级增值税一般纳税人，取得销售方使用新系统开具的增值税发票（包括增值税专用发票、货物运输业增值税专用发票、机动车销售统一发票，下同），可以不再进行扫描认证。登录本省增值税发票查询平台，查询、选择用于申报抵扣或者出口退税的增值税发票信息，未查询到对应发票信息的，仍可进行扫描认证。

十一、查询、选择、确认用于抵扣或退税的发票

根据《关于优化完善增值税发票查询平台功能有关事项的公告》（国家税务总局公告2016年第32号），纳税人确认当月用于抵扣税款或者出口退税的增值税发票信息的最后时限，由当月最后1日延长至次月纳税申报期结束前2日。纳税申报的截止期限，一般是下

月 15 日，也就是延长到下月 13 日。

根据《关于优化完善增值税发票选择确认平台功能及系统维护有关事项的公告》（国家税务总局公告 2016 年第 57 号），纳税人每日可登录本省增值税发票选择确认平台，查询、选择、确认用于申报抵扣或者出口退税的增值税发票信息。

十二、通行费可计算进项税抵扣

《关于收费公路通行费增值税抵扣有关问题的通知》（财税[2016]86 号）规定，自 2016 年 8 月 1 日起，增值税一般纳税人支付的道路、桥、闸通行费，暂凭取得的通行费发票（不含财政票据，下同）上注明的收费金额按照下列公式计算可抵扣的进项税额：

高速公路通行费可抵扣进项税额 = 高速公路通行费发票上注明的金额 ÷（1+3%）×3%

一级公路、二级公路、桥、闸通行费可抵扣进项税额 = 一级公路、二级公路、桥、闸通行费发票上注明的金额 ÷（1+5%）×5%

通行费，是指有关单位依法或者依规设立并收取的过路、过桥和过闸费用。

十三、被盗丢失发票不再登报

《关于被盗、丢失增值税专用发票有关问题的公告》（国家税务总局公告 2016 年第 50 号）规定，自 2016 年 7 月 28 日起，纳税人的增值税专用发票发生被盗、丢失时，不必再在《中国税务报》上刊登"遗失声明"。

十四、发票作废的条件和方式

在开具发票时，如果符合作废条件，就作废处理；如果不符合作废条件，就开具红字发票。

根据国税函〔2006〕156号文的规定，一般纳税人在开具专用发票当月，发生销货退回、开票有误等情形，收到退回的发票联、抵扣联符合作废条件的，按作废处理；开具时发现有误的，可即时作废。

作废专用发票须在防伪税控系统中将相应的数据电文按"作废"处理，在纸质专用发票（含未打印的专用发票）各联次上注明"作废"字样，全联次留存。

同时具备下列情况，称为符合作废条件。

1. 收到退回的发票联、抵扣联时间未超过销售方开票当月；

2. 销售方未抄税并且未记账；

3. 购买方未认证或者认证结果为"纳税人识别号认证不符"、"专用发票代码、号码认证不符"。

如果不能作废，就须开具红字发票。

十五、红字发票的范围和方式

《关于红字增值税发票开具有关问题的公告》（国家税务总局公告2016年第47号），对开具红字专用发票和普通发票，作了明确规定。

（一）什么情况下可开红字发票

增值税一般纳税人开具增值税专用发票后，如果出现不符合作废条件的下列情况，需要开具红字专用发票：

1. 发生销货退回；

2. 开票有误；

3. 应税服务中止；

4. 因销货部分退回及发生销售折让。

(二) 开具红字专用发票的程序

1. 上传《信息表》

开具红字发票,首先需要购买方或销售方上传《开具红字增值税专用发票信息表》(以下简称《信息表》)。根据不同的情况,《信息表》有不同的填写方法。

(1) 购买方已经抵扣进项税

购买方取得专用发票已用于申报抵扣的,购买方可在增值税发票管理新系统中填开并上传《信息表》,在填开《信息表》时不填写相对应的蓝字专用发票信息,应暂依《信息表》所列增值税税额,从当期进项税额中转出,待取得销售方开具的红字专用发票后,与《信息表》一并作为记账凭证。

(2) 购买方未用于申报抵扣

购买方取得专用发票未用于申报抵扣,但发票联或抵扣联无法退回的,购买方填开《信息表》时应填写相对应的蓝字专用发票信息。

(3) 发票未交付购买方或发票被退回

销售方开具专用发票尚未交付购买方,以及购买方未用于申报抵扣并将发票联及抵扣联退回的,销售方可在新系统中填开并上传《信息表》。销售方填开《信息表》时应填写相对应的蓝字专用发票信息。

2. 税务局返回《信息表》

主管税务机关通过网络接收纳税人上传的《信息表》,系统自动校验通过后,生成带有"红字发票信息表编号"的《信息表》,并将信息同步至纳税人端系统中。

3. 销售方开具红字发票

销售方凭税务机关系统校验通过的《信息表》开具红字专用发票,在新系统中以销项负数开具。红字专用发票应与《信息表》一一对应

（三）开具红字普通发票

纳税人需要开具红字增值税普通发票的，可以在所对应的蓝字发票金额范围内开具多份红字发票。红字机动车销售统一发票须与原蓝字机动车销售统一发票一一对应。

（四）小规模纳税人开具红字发票

税务机关为小规模纳税人代开专用发票，需要开具红字专用发票的，按照一般纳税人开具红字专用发票的方法处理。

27. 土增税清算　所得税退还

　　房地产企业的土地增值税实行预征和清算的方式，无论是预征时缴纳的土增税还是清算时缴纳的土增税，都可以在所得税税前扣除。但是房地产企业的收入，在预征和清算时是不均衡的。在清算时，可能已经没有多少收入了，扣除清算补缴的土增税，可能巨额亏损。纳税人实际没有充分扣除应该扣除的土增税，导致多缴所得税。《关于房地产开发企业土地增值税清算涉及企业所得税退税有关问题的公告》（国家税务总局公告2016年第81号，以下简称81号公告），进一步放宽了土增税清算时可以申请退还所得税的限制。本文结合对81号公告的解读，分析以下问题：

　　一、限制是怎么放宽的

　　二、申请退税的计算方法

　　三、申请退税提供的资料

　　四、执行时间及追溯适用

　　附件：税务总局关于81号公告的案例

一、限制是怎么放宽的

为解决土增税不能充分扣除，导致纳税人多交所得税的问题，早在2010年，《关于房地产开发企业注销前有关企业所得税处理问题的公告》（国家税务总局公告2010年第29号，以下简称29号公告），就规定房地产开发企业进行土地增值税清算后，在向税务机关申请办理注销税务登记时，如注销当年汇算清缴出现亏损，可以将清算缴纳的土增税，平摊到以往年度扣除；以往年度因多扣除土增税多交的税款，可以申请退还。

29号公告的条件比较苛刻，只有在清算后注销时，才可以退所得税，但是有些房地产企业清算后并不注销，导致无法退税。81号公告取消了注销才可以退税的限制，只要清算时缴纳土增税，当年的应纳税所得出现负数，且没有后续开发项目的，就可以申请退税。

所以，申请退所得税的条件不再是企业注销时，而是只要亏损且没有后续开发项目可以弥补亏损，就可以申请退税。

二、申请退税的计算方法

申请应退还的所得税，按照以下步骤和方法计算：

（一）计算每年可以扣除的土增税

该项目缴纳的土地增值税总额，应按照该项目开发各年度实现的项目销售收入占整个项目销售收入总额的比例，在项目开发各年度进行分摊，具体按以下公式计算：

各年度应分摊的土地增值税＝土地增值税总额×（项目年度销售收入÷整个项目销售收入总额）

销售收入包括视同销售房地产的收入，但不包括企业销售的增值额未超过扣除项目金额20%的普通标准住宅的销售收入。

（二）重新计算每年的所得税

按照以下步骤：

1. 计算补充扣除的土增税

该项目开发各年度应分摊的土地增值税，减去该年度已经在企业所得税税前扣除的土地增值税后，余额属于当年应补充扣除的土地增值税。

2. 调整所得额，计算退税额

企业应调整当年度的应纳税所得额，并按规定计算当年度应退的企业所得税税款。

3. 不足退税，亏损结转

当年度已缴纳的企业所得税税款不足退税的，则就形成亏损，应把亏损向以后年度结转，并调整以后年度的应纳税所得额。

（三）不一定每年都退税

按照上述方法进行土地增值税分摊调整后，导致相应年度应纳税所得额出现正数的，应按规定计算缴纳企业所得税。

（四）累计退税额不得超过已纳税额

企业按上述方法计算的累计退税额，不得超过其在该项目开发各年度累计实际缴纳的企业所得税；超过部分作为项目清算年度产生的亏损，向以后年度结转。

三、申请退税提供的资料

企业在申请退税时，应向主管税务机关提供说明材料，应包括如下内容：

应退企业所得税款的计算过程；

计算过程应包括该项目缴纳的土地增值税总额、项目销售收入总额、项目年度销售收入额、各年度应分摊的土地增值税和已经税前扣除的土地增值税、各年度的适用税率；

是否存在后续开发项目等情况。

四、执行时间及追溯适用

81号公告自发布之日——2016年12月9日起施行。发布之日前，企业凡已经对土地增值税进行清算且没有后续开发项目的，仍存在尚未弥补的因土地增值税清算导致的亏损，可以按照81号公告规定的方法，计算多缴的企业所得税税款，并申请退税。

附件

税务总局关于81号公告的案例

某房地产开发企业2014年1月开始开发某房地产项目，2016年10月项目全部竣工并销售完毕，12月进行土地增值税清算。整个项目共缴纳土地增值税1100万元，其中2014—2016年预缴土地增值税分别为240万元、300万元、60万元；2016年清算后补缴土地增值税500万元。2014—2016年实现的项目销售收入分别为12000万元、15000万元、3000万元，缴纳的企业所得税分别为45万元、310万元、0万元。该企业2016年度汇算清缴出现亏损，应纳税所得额为–400万元。企业没有后续开发项目，拟申请退税，具体计算详见下表：

流转税

（单位：万元）

	2014年	2015年	2016年
预缴土地增值税	240	300	60
补缴土地增值税	—	—	500
分摊土地增值税	440 ［1100×（12000÷30000）］	550 ［1100×（15000÷30000）］	110 ［1100×（3000÷30000）］
应纳税所得额调整	-200 （240-440）	-270 （300-550-20）	450 （60+500-110）
调整后应纳税所得额	—	—	50 （-400+450）
应退企业所得税	50 （200×25%）	67.5 （270×25%）	—
已缴纳企业所得税	45	310	0
实退企业所得税	45	67.5	
亏损结转（调整后）	-20 ［（45-50）÷25%］	—	—
应补企业所得税	—	—	12.5 （50×25%）
累计退税额	—	—	100 （45+67.5-12.5）

企业所得税

28. 企业所得税汇算清缴：认识、法规、报表、管理

　　企业所得税的纳税期限是一个公历年度，但是为保证税款的均衡入库，采取月度或季度预交，年度结束后，再汇算清缴的管理方式。年度汇算清缴是企业所得税管理的最关键环节，每个纳税人都应高度重视所得税汇缴工作。如何做好所得税汇缴工作？需要对这项工作有个正确的认识，了解税法，熟悉申报表，遵照税局的管理要求。

一、正确认识所得税汇缴

企业所得税汇缴工作，如果简单地理解成填写报表，履行程序，交差了事，将会埋下巨大的所得税风险。因为申报的结束，不意味着风险的消失，如果没有按照税法的规定正确计算应纳税额，以后将面临被补税罚款的风险。建议从以下三点认识企业所得税的汇缴工作：

（一）控制所得税风险的最后关口

企业所得税汇缴是控制少缴税风险的最后一道关口，如果在汇缴过程中不能依法纳税，少缴税的风险，就已经铸就；被补税罚款的可能，就已经埋下。

税务局的机构设置是征管部门和稽查部门各司其职，负责汇缴的是征管部门，负责检查的是稽查部门。征管部门在短时间内接受大量纳税人的申报，纳税人是依法自主申报，税务局没有法定义务保证纳税人依法申报。如果纳税人没有将少缴税的风险自行控制在申报环节，以后税务局稽查时，就可能面临被补税、罚款的惩罚，情节严重的，甚至被追究刑事责任。

（二）享受所得税权益的关键机会

企业所得税法在规定纳税人纳税义务的同时，也有许多可以免除纳税义务、减轻纳税义务的规定，如特殊重组暂不征税的规定、研发费用和残疾人工资加计扣除的规定、资产损失税前扣除的规定、各类收入减免税、所得减免税的规定，等等。纳税人应根据自己的情况和有关规定，争取享受有关优惠政策，合法地降低自己的税收负担。如果在汇缴期间没有享受优惠，尽管以后不是没有机会弥补，但是程序相对复杂，也浪费了资金的时间价值。

（三）提高管理水平的良好契机

业务决定税务，应纳税额是业务经营的结果，正确计算税额，必须在财务资料的基础上，结合业务进行。因此，做好汇算清缴，必须对自己过去一年包括税收管理、财务管理、业务管理在内的企业管理，进行一次全方位的内部审计；在正确计算税额的同时，发现各方面管理存在的问题，提出改进管理的措施，逐步提高管理水平。

二、掌握法规的变化

税法是衡量纳税义务的尺子，是处理有关工作的指南。全面、准确掌握所得税法规，是做好汇缴工作的必要条件。做好汇缴工作需要掌握的法规，包括截至汇缴年度所有有效的所得税法规，尤其是当年新出台的法规，其中以往没有的法规、对以前进行修正的法规，更需要纳税人注意。2015年，财政部和国家税务总局出台了几十项所得税法规，比较重要的包括以下十个方面的内容：

（一）福利性质的部分支出可按工资扣除

企业支付或负担的与员工有关的各项成本，尽管个人所得税都是按照工资薪金所得征税，但是企业所得税分别按照工资和福利扣除。工资一般可以据实扣除，福利需要按照工资总额的14%计算扣除，超过14%的部分，需要作纳税调增处理。但是在2015年汇缴时，以往作为福利费处理的项目，如果列入员工工资薪金制度、固定与工资薪金一起发放，且符合国税函［2009］3号文关于工资薪金的规定，就可以按照工资薪金扣除。

将福利费作为工资扣除，可以从两个方面减轻税收负担：一是可以减少福利费被调增的金额；二是其他以工资作为计算扣除基数的项目，也可以多扣一部分。

（二）跨年度支付的工资可以扣除

许多企业的工资，尤其是年终奖，一般是在年度结束后发放。关于工资发放的扣除问题，2015年之前，许多地方的税局坚持只有在当年12月31日之前实际发放的工资，才可以在当年的汇算清缴时税前扣除。这种做法自2015年汇缴开始改变，2016年在汇算清缴结束之前，实际发放的2015年度工资薪金，可以税前扣除。这一改变，使工资薪金的扣除更加符合权责发生制的原则，也减轻了纳税人纳税调整的负担和风险。

（三）外部派遣劳务用工支出可作为工资扣除

许多企业受编制等的限制，只能通过接受外部劳务派遣用工的方式，保证工作的运转。支付的这部分费用，是作为劳务费扣除，还是工资薪金扣除？常规来讲，应作为劳务费扣除。自2015年起，根据支付对象，分别作为不同的项目扣除。凡是按照协议，支付给派遣公司的，就作为劳务费扣除；支付给被派遣员工个人的，可以按照工资和福利费扣除。

对接收方而言，劳务费改为工资扣除，可以加大以工资为计算基数的扣除项目的扣除金额，但是劳务费改为福利费扣除的部分，又可能导致纳税调增。对派出方而言，如果被派遣人员的工资直接由接收方支付，导致自己的工资支出减少，可能导致某些项目可扣除金额的减少。

（四）固定资产加速折旧的行业范围扩大

固定资产加速折旧政策，在过去生物药品制造、专用设备制造等六大行业的基础上，扩大到轻工、纺织、机械、汽车等四个领域重点行业的企业，其2015年1月1日之后新购进的固定资产，可选择采取缩短折旧年限或加速折旧方法。

加速折旧对纳税人所得税负担的影响，尽管是时间性差异，但可以使纳税人在设备使用前期少缴所得税，减轻现金流的压力，节省资金的时间成本。

（五）技术转让所得优惠限制进一步放宽

优惠限制的放宽，包括对独占许可地域限制的放开和技术转让收入范围限制的放宽。

根据税法，居民企业的技术转让所得，500万元以内的，免征所得税；超过500万元的，减半征收所得税。但是，如何把握技术转让所得的内涵？一般指转让技术的所有权和使用权。转让使用权，是否有地域范围限制？最初的地域限制非常苛刻，限于5年以上全球独占许可，才可享受优惠；后来对中关村等国家自主创新示范区取消了地域限制。自2015年10月1日起，全国所有居民企业转让5年以上非独占许可技术使用权，都可以享受优惠。

为使技术受让方掌握技术，必要的技术咨询、技术服务和技术培训，如果在合同中有明确约定，并且与技术转让收入一并收取，可以计入享受优惠的技术转让收入。

技术转让优惠限制的放宽，对纳税人充分享受优惠、促进技术进步无疑会起到积极作用。

（六）集成电路相关企业也可享受优惠

也许是集成电路产业太重要了，与集成电路有关的封装、测试企业，关键专用材料生产企业，专用设备生产企业，在2017年年底前获利的，也可以自获利年度起，企业所得税两免三减半。2017年前未获利的，自2017年起计算优惠期，享受至期满为止。

当然，对享受优惠的上述企业，在职工学历、关键技术、销售收入等方面，都规定了非常苛刻的条件。纳税人不要误以为可以享受优惠，但实际上自己的某项指标不符合要求，最后被补税罚款，得不偿失。

（七）创投合伙企业法人合伙人可享受投资抵免优惠

创投企业投资于未上市的中小高新技术企业满2年的，投资额的70%可以抵扣应纳税所得额。从事创业投资的合伙企业，由于是先分后税，无法享受上述优惠，其法人合伙人也无法享受优惠。为解决上述问题，自2015年起，合伙制的创投企业符合条件的投资，其法人合伙人也可享受投资抵免的政策。法人合伙人按照持有合伙企业的权益比例和合伙企业的投资额，计算其可以享受优惠的投资额，投资额的70%，可以抵免其自合伙企业分得的应税所得额。

需要注意的是，法人合伙人可以抵免的所得额，不是其全部所得额，仅限于自合伙企业分得的所得额。

（八）非居民企业间接转让产生纳税义务的可能性加大

在2015年之前，非居民企业间接转让中国境内企业股权，有可能被认为是直接转让，产生缴纳中国企业所得税的义务。间接转让的范围，还仅限于股权；中间层企业，还仅限于设在开曼群岛等避税地。但是国家税务总局公告2015年第7号，将间接转让征税的范围大大拓宽了。

一是扩大间接转让的对象。由以前的间接转让股权，扩大到间接转让不动产和机构场所。

二是扩大中间层企业的范围。不管中间层企业设在什么地方，只要其价值主要由中国境内的股权、不动产、机构场所构成，则转让中间层企业的股权，就可能被认为产生中国企业所得税纳税义务。

7号公告的出台，警示非居民企业，在转让某个企业股权时，只要该企业持有中国境内的企业股权、不动产或者机构场所，就要注意是否会产生中国企业所得税纳税义务。在考虑交易价格和交易模式的时候，须考虑中国税义务。

（九）中外合作企业按照居民企业征税

企业所得税是法人所得税，没有法人地位的中外合作企业，尤其是外方，如何纳税？

国家税务总局在 2015 年明确，开采石油的中外合作企业，属于中国的居民企业，应该缴纳企业所得税。这是第一次明确中外合作企业按照居民企业缴税。

如果将中外合作企业作为居民企业征税，则向境外的外方支付税后利润时，还应按照股息所得，扣缴外方的所得税。

没有在境内成立中外合作企业，外方在中国境内开采石油，构成机构场所，外方在中国有纳税义务；缴纳所得税后，再将税后利润汇回本国时，不再扣缴所得税。

（十）境内银行的境外分行自境内取得利息不再扣税

境内银行的境外分行，如果将资金贷给境内企业，境内企业向境外分行支付利息时，在 2015 年之前是应该扣缴所得税的。境外分行的利息收入需要并入总行的利息收入，但是被扣缴的所得税由于是在境内缴纳的，不能享受境外所得税抵免的政策，导致重复征税。这个困扰许多银行多年的问题，终于得到了解决。以后境内企业再向境内银行的境外分行支付利息时，不用再扣缴所得税了。

除上述比较重大的政策调整外，金融企业准备金政策，向境外关联方支付费用的政策，也值得有关纳税人注意。研发费用加计扣除尽管非常重要，但 2016 年度的汇算清缴才开始执行。

三、正确认识申报表及其变化

企业所得税汇算清缴的过程，最终是填写企业所得税年度申报的主表及有关附表。把表填对了，才能把数算对了。

（一）法规与申报表的关系

企业所得税法规和申报表的关系，可以说是内容和形式的关系，内容决定形式，形式反映内容。税收法规分为政策性法规和征管性法规。从不同的角度，影响纳税人应纳税额的法规，属于政策性法规，属于税法的实体法；不影响税额的法规，包括申报表的法规，属于程序法。申报表，是以各种报表的形式，体现纳税人的纳税义务，是各项税收法规之集大成；各项影响纳税人税额的法规，都会直接或间接地体现在申报表上，通过申报表的有关处理，最终影响税额。

（二）申报表的结构和逻辑

企业所得税年度纳税申报表共41张：1张基础信息表，1张主表，6张收入费用明细表，15张纳税调整表，1张亏损弥补表，11张税收优惠表，4张境外所得抵免表，2张汇总纳税表。

主表与附表的关系是主表汇总附表，附表支持主表。当然附表又分为一级附表和二级附表，二级附表支持一级附表。

主表一共38行，1—13行是利润总额的计算，14—23行是应纳税所得额的计算，24—36行是应纳税额计算，37—38行是以往年度多交或少缴税款在申报年度的处理。

从主表的总体结构看，年度申报的过程，就是本年应补应退税额的计算过程，汇算清缴的最终目标是通过计算当年应纳税额，得出汇缴年度应补或应退的税额。具体的过程和逻辑是：

1. 以会计利润作为起点（主表13行）

应纳税所得的计算，是基于企业的会计利润。申报表的第一部分，实际就是利润表。

2. 将会计利润调整成不含境外所得的境内所得（主表23行）

在会计利润的基础上，先把会计利润中的境外所得去掉，把会计利润变成不含境外所得的会计利润，这是因为存在境外所得税抵免的问题，所以境外所得要单独计算，先去掉，后面再加回。然后再进行纳税调整，将会计利润调整成应纳税所得。

3. 应纳税额的三次计算（主表25行、28行、31行）

根据纳税调整后的应纳税所得和法定25%的税率，计算出"应纳所得税额（主表 25 行）"；由于有直接针对税额的减免税额优惠和抵免税额优惠，考虑这些因素后，又得出"应纳税额（主表 28 行）"；再考虑境外所得应纳的税额和抵免税额，才得出"实际应纳所得税额（主表 31 行）"。

所以，汇算清缴的过程可以简单表述为："会计利润是起点，境内境外分别算，纳税调整是关键，税额再做加或减，扣掉已预交税款，应补应退才算完，只要记住这条线，汇算清缴并不难。"

（三）申报表的变化

在过去的两年中，国家税务总局发布了一些调整年度申报表的法规。如《关于企业所得税年度纳税申报表部分填报口径的通知》（税总所便函［2015］21号），对职工薪酬、加速折旧、政策性搬迁、亏损弥补等附表的填报，作出了某些调整，有关的纳税人应予以关注。结合最新的重点领域（行业）固定资产加速折旧、转让5年以上非独占许可技术使用权等企业所得税优惠政策，同时也为方便企业在汇算清缴时享受小型微利企业优惠，国家税务总局在总局公告2016年第3号中，对申报表的部分内容作出了相应调整。如《所得减免优惠明细表》（A107020）第33行"四、符合条件的技术转让项目"填报说明中，删除了"全球独占许可"内容。

除年度申报表有所变化外，预交申报表的变化，在2015年有过两次。主要是根据政策调整，增加了《不征税收入和税基类减免应纳税所得额明细表》《减免所得税额明细表》，增加了小微企业的判定栏次，以落实小微企业的优惠政策。为了避免汇缴时退税，有些优惠政策，如对收入的免税等，在预交时就可以享受优惠。

四、管理方式由事前审批到事后备案

结合行政审批制度的改革，税务局对纳税人的管理方式，由以往的事前审批，变成备案管理，纳税人享受包括特殊重组在内的优惠，享受协定待遇、研发费用加计扣除、资产损失税前扣除等，都是采取给税局提交有关资料即可享受有关待遇，税局以后再核查等方式。具体可以参考《企业所得税优惠事项备案管理目录（2015年版）》。

税局管理方式的变化，对纳税人而言，尽管在程序上简化了，但是由于税局不再通过审批的方式对有关涉税事项把关，加大了纳税人的遵从责任。纳税人在享受有关待遇时，为了规避潜在的涉税风险，最好做到以下几点：

一要严格按照税法规定，规划有关业务；

二要严格按照税法规定，草拟有关合同协议；

三要严格按照税法规定，进行账务处理；

四要严格按照税法规定，准备提交税局的证明资料；

五要严格按照税法规定，留存税局备查的有关资料，做到一样不少，件件与实际情况相符。

这样才有助于在享受管理便利的同时，规避潜在的风险。

29. 高新技术企业认定：新标准　新程序

科技部、财政部、国家税务总局在 2016 年 1 月 29 日联合下发了修订后的《高新技术企业认定管理办法》（国科发火〔2016〕32 号，以下简称"新办法"），修订了高新技术企业的标准，简化了认定的程序，调整了国家重点支持的高新技术领域范围。已经拿到高新技术企业证书的企业，应对照新的标准，审视自己是否继续符合标准；尚不具备高新技术企业资格的企业，更应对照新的标准，看看是否有机会取得高新技术企业资格。本文将结合"新办法"的规定，分析以下问题：

一、新标准及其变化

二、认定程序的变化

三、高新技术企业应注意的事项

一、新标准及其变化

新办法关于高新技术企业的标准，与老办法相比，除个别标准没有变化外，对多数标准作了或宽或严的调整。高新技术企业的标准及变化如下：

（一）成立时间标准没有变化

新办法规定，申请高新技术企业，注册成立必须在一年以上。

老办法也是这一标准。

（二）知识产权标准更加严格

新办法强调对知识产权的所有权，即："企业通过自主研发、受让、受赠、并购等方式，获得对其主要产品（服务）在技术上发挥核心支持作用的知识产权的所有权。"不再认可老办法5年以上独占许可的方式。

以往通过5年以上独占许可获得知识产权的企业，今后将无法再申请高新技术企业资格。

（三）高新技术领域标准更加精准

新办法和老办法都要求产品（服务）属于《国家重点支持的高新技术领域》范围，但是新办法的规定更加精准，即："对企业主要产品（服务）发挥核心支持作用的技术属于《国家重点支持的高新技术领域》规定的范围。"

（四）科技人员标准放宽

新办法要求"企业从事研发和相关技术创新活动的科技人员占企业当年职工总数的比例不低于10%"。而老办法在要求前述标准之外，还要求"大学专科以上学历的科技人员占企业当年职工总数的30%以上"。

新办法的标准，更加容易达到。

（五）研发费用标准适当放宽

新办法与老办法一样，也是按照销售收入分成三个档次，规定不同的研发费用占销售收入的比例，但是第一档的比例，由以前的 6% 降低到 5%，其他规定没有变化。

新办法规定，企业近三个会计年度（实际经营期不满三年的按实际经营时间计算，下同）的研究开发费用总额占同期销售收入总额的比例符合如下要求：

1. 最近一年销售收入小于 5000 万元（含）的企业，比例不低于 5%；

2. 最近一年销售收入在 5000 万元至 2 亿元（含）的企业，比例不低于 4%；

3. 最近一年销售收入在 2 亿元以上的企业，比例不低于 3%。

其中，企业在中国境内发生的研究开发费用总额占全部研究开发费用总额的比例不低于 60%。

（六）产品收入标准稍微降低

新办法规定，"近一年高新技术产品（服务）收入占企业同期总收入的比例不低于 60%"，而老办法是 60% 以上。老办法是不含 60% 的，而新办法含 60%。

（七）综合指标待定

新办法要求"企业创新能力评价应达到相应要求"，具体要求应该按照另行下发的《高新技术企业认定管理工作指引》，目前尚不得而知。

（八）新增合法标准

新办法新增一条标准，即："企业申请认定前一年内未发生重大安全、重大质量事故或严重环境违法行为。"

（九）高新技术领域有所调整

新办法规定的国家重点支持的高新技术领域是八大领域：电子信息、生物与新医药、航空航天、新材料、高技术服务、新能源与节能、资源与环境、先进制造与自动化。

新办法与老办法相比，变化最大的是第八项，老办法的第八项是：高新技术改造传统产业。

企业应根据自己的情况和新办法对有关领域的具体规定，严格对照，审视自己的产品（服务）是否在规定的领域之内。

二、认定程序的变化

新办法的认定程序与老办法相比，没有太大变化，都是企业申请、专家评审、审查认定。值得注意的变化有两点：一是缩短了公示时间，老办法的公示时间是 15 日，新办法的公示时间是 10 日；二是增加了提交申请的资料。

新办法规定，申请时提交下列材料：

1. 高新技术企业认定申请书；

2. 证明企业依法成立的相关注册登记证件；

3. 知识产权相关材料、科研项目立项证明、科技成果转化、研究开发的组织管理等相关材料；

4. 企业高新技术产品（服务）的关键技术和技术指标、生产批文、认证认可和相关资质证书、产品质量检验报告等相关材料；

5. 企业职工和科技人员情况说明材料；

6. 经具有资质的中介机构出具的企业近三个会计年度研究开发费用和近一个会计年度高新技术产品（服务）收入专项审计或鉴证报告，并附研究开发活动说明材料；

7. 经具有资质的中介机构鉴证的企业近三个会计年度的财务会

计报告（包括会计报表、会计报表附注和财务情况说明书）；

8. 近三个会计年度企业所得税年度纳税申报表。

与老办法相比，第4项和第8项资料属于新增加的。第4项资料，便于审查人员判断企业的高新技术产品是否属于鼓励的高新技术领域；第8项资料，便于审查人员判定申请的资料与提交税局的资料是否一致。

三、高新技术企业应注意的事项

已经取得高新技术企业资格的企业、准备申请高新技术资格的企业，应注意以下事项，以免造成不必要的损失：

（一）**证书有效期3年，但优惠资格年审**

尽管高新技术企业资格证书的有效期是3年，但是在证书有效期内，只有每年都符合高新技术的各项条件，才能享受当年的高新技术企业所得税优惠。从企业所得税年度纳税申报表的附表——《高新技术企业优惠情况及明细表》（A107041）就可以看出，纳税人需要逐项填写高新技术企业要求的有关条件。因此，享受优惠，实际是年审制，一年中有一项指标不合格，即使高新技术企业证书仍在有效期，也不能享受优惠。

（二）**跟踪各项指标，实施动态管理**

已经取得证书的企业，为避免丧失优惠资格，应密切跟踪自己的各项指标，凡是因收入变化、人员变化等因素可能导致有关指标不符合要求时，应及早采取措施，通过适当的安排，保证自己的各项指标满足要求。

最好能每月或每季进行测算，及时检验各项指标的偏离程度，设置预警值，一旦发生危险，立刻采取措施。

（三）适当税收筹划，充分享受优惠

许多企业有国家鼓励的产品和技术，也有相应的收入，但是因规模太大，算总账难以享受优惠。此时可以考虑将有关的技术、产品、人员等分立，成立一家新的企业，使新企业满足高新技术企业的条件，申请高新技术企业资格。

如果某个关联企业是高新技术企业，可以通过关联交易，尽量充分地享受优惠。税法并不禁止关联交易，只要关联交易符合独立交易原则，税局也认可并不作调整。

税收专题

30. 股权激励的税收优惠和方案设计

对员工实施股权激励，以技术投资入股，是诸多企业和个人常见的行为，涉及复杂的个人所得税、企业所得税问题。如个人所得税是否纳税，适用税目，何时纳税，所得计算等问题；股权激励的所得税税前扣除，非货币资产出资的所得税处理等问题。

主管部门为缓解纳税人没有现金纳税的问题，早就给予了分期递延纳税的优惠。但是分期递延纳税，只是缓解了问题，并没有彻底解决问题。自2016年9月1日起执行的《关于完善股权激励和技术入股有关所得税政策的通知》（财税［2016］101号，以下简称101号文）规定了更优惠的政策。《关于股权激励和技术入股所得税征管问题的公告》（国家税务总局公告2016年第62号，以下简称62号公告）规定了具体的操作细节。

本文结合101号文和62号公告的规定，介绍股权激励和技术入股的个人所得税、企业所得税的税收优惠，以及设计股权激励方案时应注意的税收事项。包括如下问题：

一、享受优惠的股权激励形式
二、非上市公司股权激励的个人所得税优惠
三、上市公司股权激励的个人所得税优惠
四、技术成果投资可彻底递延纳税
五、有关共性问题的政策规定
六、个人所得税优惠管理
七、企业所得税优惠管理
八、税收问题是影响股权激励成败的关键

一、享受优惠的股权激励形式

根据101号文,股权激励的形式包括:股票期权、股权期权、限制性股票、股权奖励。

股票(权)期权是指公司给予激励对象在一定期限内,以事先约定的价格,购买本公司股票(权)的权利。

限制性股票是指公司按照预先确定的条件,授予激励对象一定数量的本公司股权,激励对象只有工作年限或业绩目标符合股权激励计划规定条件的,才可以处置该股权。

股权奖励是指企业无偿授予激励对象一定份额的股权或一定数量的股份。

需要注意的是,101号文件没有股票(权)增值权的概念。按照《关于股票增值权所得和限制性股票所得征收个人所得税有关问题的通知》(财税〔2009〕5号)的规定,股票增值权,是指上市公司授予公司员工在未来一定时期和约定条件下,获得规定数量的股票价格上升所带来收益的权利。

二、非上市公司股权激励的个人所得税优惠

非上市公司股权激励的个人所得税优惠,包括优惠内容、优惠条件、优惠取消等。全国中小企业股份转让系统挂牌公司,按照非上市公司执行。

(一)优惠内容

优惠内容包括需要注意的以下诸多问题:

1. 彻底的递延纳税

根据101号文,非上市公司授予本公司员工的股票期权、股权期权、限制性股票和股权奖励,可实行彻底的递延纳税政策,即员工在取得股权激励时可暂不纳税,递延至转让该股权时纳税。也就

是说，员工在取得股权时，不履行纳税义务；实际转让股权时，才实际履行纳税义务。以前是分期递延纳税，在获得股权时就要缴纳部分个税。

如果个人再用股权出资，是否可以享有《关于个人非货币性资产投资有关个人所得税政策的通知》（财税〔2015〕41号）规定的5年递延纳税的待遇？从逻辑上分析，应该可以。

2.税目、所得、税率

股权转让时，适用"财产转让所得"税目，按照股权转让收入减除股权取得成本以及合理税费后的差额作为所得额，适用20%的税率计算缴纳个人所得税。

3.如何确定股权成本

根据不同的股权激励形式，有不同的成本确定方法。

股票（权）期权取得成本：按行权价确定，也就是实际花了多少钱。

限制性股票取得成本：按实际出资额确定。

股权奖励取得成本：为零。

（二）优惠条件

享受递延纳税政策的非上市公司股权激励（包括股票期权、股权期权、限制性股票和股权奖励，下同），须同时满足以下九个条件：

1.谁的股权激励计划？

必须是境内居民企业的股权激励计划。个人所得税纳税人自非居民企业股权激励计划取得的所得，不能享受优惠。

2.谁批准的股权激励计划？

股权激励计划经公司董事会、股东（大）会审议通过。未设股东（大）会的国有单位，经上级主管部门审核批准。没有经公司有权决策机构或管理机构批准的计划，税局不认可。

3. 股权激励计划应包括哪些内容？

股权激励计划应列明：激励目的、对象、标的、有效期、各类价格的确定方法、激励对象获取权益的条件、程序等。

4. 用谁的股权来激励？

作为激励标的股权，有两种：

一是境内居民企业的本公司股权；

二是技术成果投资入股到其他境内居民企业所取得的股权。

也就是说，用本公司的股权，或本公司用技术成果投资取得的股权。

5. 用于激励的股权，是怎么来的？

激励标的股票（权）的来源包括：通过增发、大股东直接让渡，以及法律法规允许的其他合理方式授予激励对象的股票（权）。

6. 谁可以享有股权激励？

激励对象有两个限制：

一是主体资格限制，应为公司董事会或股东（大）会决定的技术骨干和高级管理人员。

二是对象人数限制，累计不得超过本公司最近6个月在职职工平均人数的30%。

本公司最近6个月在职职工平均人数，按照股票（权）期权行权、限制性股票解禁、股权奖励获得之上月起前6个月"工资薪金所得"项目全员全额扣缴明细申报的平均人数确定。

7. 持有时间有何要求？

股票（权）期权自授予日起应持有满3年，且自行权日起持有满1年；

限制性股票自授予日起应持有满3年，且解禁后持有满1年；

股权奖励自获得奖励之日起应持有满3年。

上述时间条件须在股权激励计划中列明。

8. 授权距离行权的时间有何要求？

股票（权）期权自授予日至行权日的时间不得超过 10 年。

9. 享受优惠的行业有何要求？

不是所有企业的股权激励都可以享受优惠。实施股权奖励的公司及其奖励股权标的公司所属行业，均不得属于《股权奖励税收优惠政策限制性行业目录》范围。公司所属行业按公司上一纳税年度主营业务收入占比最高的行业确定。

（三）优惠取消

股权激励计划所列内容不能同时满足规定的全部条件，或递延纳税期间公司情况发生变化、不再符合全部条件的，应于情况发生变化之次月 15 日内，按规定计算缴纳个人所得税。

三、上市公司股权激励的个人所得税优惠

上市公司有不同于非上市公司的税收政策。上市公司是指其股票在上海证券交易所、深圳证券交易所上市交易的股份有限公司。

（一）延长递延纳税时间

根据 101 号文件，上市公司授予个人的股票期权、限制性股票和股权奖励，经向主管税务机关备案，个人可自股票期权行权、限制性股票解禁或取得股权奖励之日起，在不超过 12 个月的期限内缴纳个人所得税。

而之前《财政部国家税务总局关于上市公司高管人员股票期权所得缴纳个人所得税有关问题的通知》（财税〔2009〕40 号，以下简称 40 号文）规定，上市公司高管人员股票行权时，可自其股票期权行权之日起，在不超过 6 个月的期限内分期缴纳个人所得税。

自 101 号文执行后，40 号文停止执行。递延时间的延长，可进一步缓解纳税人纳税的资金压力。

（二）应纳税款的计算方法不变

根据101号文，上市公司股票期权、限制性股票应纳税款的计算，继续按照《财政部国家税务总局关于个人股票期权所得征收个人所得税问题的通知》（财税〔2005〕35号，以下简称35号文）、《国家税务总局关于股权激励有关个人所得税问题的通知》（国税函〔2009〕461号，以下简称461号文）和财税〔2009〕5号文等相关规定执行。股权奖励应纳税款的计算比照上述文件规定执行。

股权激励所得，属于"工资薪金所得"，综合上述文件，个人所得税计算方法介绍如下：

股票期权形式的工资薪金应纳税所得额＝（行权股票的每股市场价－员工取得该股票期权支付的每股施权价）×股票数量

股票期权形式的工资薪金所得可区别于所在月份的其他工资薪金所得，单独按下列公式计算当月应纳税款：

应纳税额＝（股票期权形式的工资薪金应纳税所得额÷规定月份数×适用税率－速算扣除数）×规定月份数

规定月份数是指员工取得来源于中国境内的股票期权形式工资薪金所得的境内工作期间月份数，长于12个月的，按12个月计算。

员工以在一个公历月份中取得的股票（权）形式工资薪金所得为一次。在一个纳税年度中多次取得不符合递延纳税条件的股票（权）形式工资薪金所得的，参照《国家税务总局关于个人股票期权所得缴纳个人所得税有关问题的补充通知》（国税函〔2006〕902号，以下简称902号文）第7条规定执行。

902号文第7条规定，员工在一个纳税年度中多次取得股票期权形式工资薪金所得的，其在该纳税年度内首次取得股票期权形式的工资薪金所得，应按35号文的上述规定计算；本年度内以后每次取得股票期权形式的工资薪金所得，应按以下公式计算应纳税款：

应纳税款＝（本纳税年度内取得的股票期权形式工资薪金所得累计应纳税所得额÷规定月份数×适用税率－速算扣除数）×规定月份数－本纳税年度内股票期权形式的工资薪金所得累计已纳税款

本纳税年度内取得的股票期权形式工资薪金所得累计应纳税所得额，包括本次及本次以前各次取得的股票期权形式工资薪金所得应纳税所得额。

规定月份数是指员工取得来源于中国境内的股票期权形式工资薪金所得的境内工作期间月份数，长于12个月的，按12个月计算。

（三）限制条件有宽有松

非上市公司股权激励的条件比较严格，但是上市公司的条件在有些方面相对宽松。比如，在授予对象方面，根据35号文，可以授予本公司及其控股企业员工，享有权利的员工包括控股企业员工。但有些方面要严格一些，比如购买的只能是本企业股票，而非上市公司可以包括用本公司技术投资取得的股权。

四、技术成果投资可彻底递延纳税

无论是企业还是个人，以技术成果投资入股，实际是非货币资产出资，根据财税〔2014〕116号文和财税〔2015〕41号文，企业投资者和个人投资者可以享受分5年递延缴纳所得税的优惠。101号文件，给予了纳税人更优惠的选择。

（一）可选择彻底递延纳税

企业或个人以技术成果投资入股到境内居民企业，可以选择投资入股当期暂不纳税，允许递延至转让股权时，按股权转让收入减去技术成果原值和合理税费后的差额计算缴纳所得税。

企业应当为实行查账征收的居民企业。

（二）被投资企业取得技术成果的计税基础

企业或个人无论是选择5年递延纳税，还是彻底的递延纳税，均允许被投资企业按技术成果投资入股时的评估值入账，并在企业所得税前摊销扣除。

（三）技术成果的范围

技术成果是指专利技术（含国防专利）、计算机软件著作权、集成电路布图设计专有权、植物新品种权、生物医药新品种，以及科技部、财政部、国家税务总局确定的其他技术成果。

五、有关共性问题的政策规定

无论是非上市公司还是上市公司，在处理股权激励问题时，有一些共性的问题，须遵循共同的政策规定。

（一）不符合递延纳税条件的征税

个人从任职受雇企业以低于公平市场价格取得股票（权）的，凡不符合递延纳税条件的，应在获得股票（权）时，对实际出资额低于公平市场价格的差额，按照"工资、薪金所得"项目，参照35号文的规定，计算缴纳个人所得税。

（二）有关价格的确定

上市公司股票的公平市场价格，按照取得股票当日的收盘价确定。取得股票当日为非交易日的，按照上一个交易日收盘价确定。

非上市公司股票（权）的公平市场价格，依次按照净资产法、类比法和其他合理方法确定。净资产法按照取得股票（权）的上年末净资产确定。

这里值得注意的是，在确定非上市股权价格时，可以不评估，直接按照净资产法确定即可，这可给纳税人省不少麻烦。

（三）处置递延纳税股权比照限售股

个人因股权激励、技术成果投资入股取得股权后，非上市公司在境内上市的，处置递延纳税的股权时，按照现行限售股有关征税规定执行。

（四）递延纳税股权优先转让

个人转让股权时，视同享受递延纳税优惠政策的股权优先转让。递延纳税的股权成本按照加权平均法计算，不与其他方式取得的股权成本合并计算。

（五）递延纳税股权持有收入征税

持有递延纳税的股权期间，因该股权产生的转增股本收入，以及以该递延纳税的股权再进行非货币性资产投资的，应在当期缴纳税款。

（六）不同待遇的股权激励分别计算

员工取得符合条件、实行递延纳税政策的股权激励，与不符合递延纳税条件的股权激励分别计算。

六、个人所得税优惠管理

（一）享受优惠前的备案

对股权激励或技术成果投资入股选择适用递延纳税政策的，企业应在规定期限内到主管税务机关办理备案手续。未办理备案手续的，不得享受本通知规定的递延纳税优惠政策。

1. 非上市公司股权激励的备案

非上市公司实施符合条件的股权激励，个人选择递延纳税的，非上市公司应于股票（权）期权行权、限制性股票解禁、股权奖励获得之次月15日内，向主管税务机关报送如下资料：

（1）《非上市公司股权激励个人所得税递延纳税备案表》；

（2）股权激励计划；

（3）董事会或股东大会决议；

（4）激励对象任职或从事技术工作情况说明等；

（5）本企业及其奖励股权标的企业上一纳税年度主营业务收入构成情况说明。

2. 上市公司股权激励的备案

上市公司实施股权激励，个人选择在不超过12个月期限内缴税的，上市公司应自股票期权行权、限制性股票解禁、股权奖励获得之次月15日内，向主管税务机关报送《上市公司股权激励个人所得税延期纳税备案表》；如果是初次办理股权激励备案，还应一并向主管税务机关报送股权激励计划、董事会或股东大会决议。

3. 个人技术投资备案

个人以技术成果投资入股境内公司并选择递延纳税的，被投资公司应于取得技术成果并支付股权之次月15日内，向主管税务机关报送如下资料：

（1）《技术成果投资入股个人所得税递延纳税备案表》；

（2）技术成果相关证书或证明材料；

（3）技术成果投资入股协议；

（4）技术成果评估报告等资料。

（二）享受优惠中的管理

企业实施股权激励或个人以技术成果投资入股，以实施股权激励或取得技术成果的企业为个人所得税扣缴义务人，扣缴义务人每年都要报告。

1. 扣缴义务人年度报告

个人因非上市公司实施股权激励或以技术成果投资入股取得的股票（权），实行递延纳税期间，扣缴义务人应于每个纳税年度终了后30日内,向主管税务机关报送《个人所得税递延纳税情况年度报告表》。

2.递延纳税股票(权)转让申报资料

递延纳税股票(权)转让、办理纳税申报时,扣缴义务人、个人应向主管税务机关一并报送能够证明股票(权)转让价格、递延纳税股票(权)原值、合理税费的有关资料,具体包括转让协议、评估报告和相关票据等。资料不全或无法充分证明有关情况,造成计税依据偏低,又无正当理由的,主管税务机关可依据税收征管法有关规定进行核定。

七、企业所得税优惠管理

企业所得税的管理,主要包括以下两项:

(一)提交备案表

企业以技术成果投资,选择适用递延纳税政策的,应在投资完成后首次预缴申报时,将相关内容填入《技术成果投资入股企业所得税递延纳税备案表》。

(二)价格不合理的调整

企业接受技术成果投资入股,技术成果评估值明显不合理的,主管税务机关有权进行调整。

这有助于防止纳税人的恶意税收筹划。比如,通过高估技术成果价值,投资方不缴税,但是被投资方却按照高价值摊销,从而减轻税负。

八、税收问题是影响股权激励成败的关键

从上述规定可以看出,股权激励的税收问题非常复杂,享受优惠的条件和征管非常严苛,股权激励计划的成败,在很大程度上取

决于能否处理好税收问题。如果处理不好税收问题，或者会增加税收负担，或者会被补税罚款，从而遭受经济损失。为了搞好股权激励计划，需要做到如下几条：

（一）依照税法设计激励计划

结合税收规定设计激励计划，除本文中所提及的税收法规外，还包括其他有关的所得税法规，尤其是合伙企业所得税法规。最起码要考虑如下税收问题：

持股的主体是员工本人还是通过中间层间接持股？

中间层是合伙人制企业还是公司制企业？

中间层设几层？各层之间如何选择？

中间层设在什么地方？

如何通过方案设计最大程度地享受税收优惠？

由于税收优惠的条件非常苛刻，在设计方案时，务必严格按照税收法规的要求去做。

（二）将设计方案变成合同协议

确定股权激励计划方案后，为了落实方案，还应把方案变成包括公司、个人等有关当事各方的合同、协议，大家按照合同执行方案。

（三）依照税法及时办理备案

对税务局而言，征税是常态，减免税是个案，对减免税的管理比征税的管理更严格。为了享受股权激励的优惠，必须按照税法的规定，及时准备备案资料，履行备案手续。

（四）严格遵循后续监管要求

股权激励计划有执行时间，税收优惠也有监管时间。不但在设计方案、办理备案时要符合有关规定，在办理备案手续后更不能放松。税局关注的是后续的监管，一旦不符合条件，不但前功尽弃，还要缴纳滞纳金和罚款，将会付出更大的成本，遭受更大的损失。

（五）依照准则进行账务处理

尽管股权激励优惠没有相应的账务处理规定，但是股权激励计划应该按照会计准则的规定，在有关账务处理上体现出来。不然，影响享受税收优惠的保险系数，因为税收离不开账务处理。

31. 上市公司并购重组中的涉税问题：机会与风险

最近几年，笔者曾做过多起上市公司并购重组的涉税服务，既有经验，也有教训，最大的一个体会，就是并购重组中巨大的机会与极高的风险并存。诸多案例说明，税收成本几乎成为影响并购重组成败的决定性因素。涉税问题处理好了，能合法降低并购重组的税收成本，并购重组就能顺利进行；涉税问题处理不好，并购重组就可能因高额的税收成本，不得不半途而废。有的公司不想前功尽弃，也不想及时依法履行纳税义务，抱着一种侥幸的心理，也完成了重组，但是留下了巨大的税收隐患，以后可能造成严重的经济损失、形象损失等恶果。

下面结合一个案例，分析如何通过处理好涉税问题，抓住降低并购重组税负的机会，控制并购重组的税收风险。本文包括以下内容：

一、案例介绍

二、重组过程中的专业服务

三、重组过程中出现的问题

四、出现问题的原因

五、涉税服务帮助并购重组成功

一、案例介绍

A 集团公司拥有上市公司 B，同时 100% 持有 C 公司、D 公司股权。C 公司又 100% 持有 C1、C2、C3 公司股权，D 公司又 100% 持有 D1、D2、D3 公司股权。

A 公司计划重组，将 C1、C2、C3、D1、D2 装入上市公司 B。重组路径分为三步：

第一步：股权划转

D 公司在 2015 年 3 月 1 日将 D1、D2 公司股权划转给 C 公司。

第二步：引入新股

因为要搞混合所有制试点，C 公司在 2015 年 6 月 1 日引入新股东 E，E 持有 C 公司 1% 股权。

第三步：股权收购

B 公司在 2015 年 12 月 31 日，收购 C 公司持有的 C1、C2、C3、D1、D2 公司股权，支付对价是本公司 80% 股权、20% 现金。

二、重组过程中的专业服务

根据证监会、国资委等有关部门的规定，为实现重组，A 公司聘请的专业服务机构包括：

两家投行、律师事务所、会计师事务所、评估师事务所、税务师事务所。

投行的职责之一是设计重组方案。

律师的职责之一是草拟重组协议。

会计师的职责之一是出具审计报告。

评估师的职责之一是出具评估报告。

税务师的职责之一是对投行重组方案的涉税问题及如何合法节税出具咨询意见，并对装入上市公司的几家公司，进行税务尽职调查。

在上述专业服务机构中,税务师事务所是最后聘请的。据 A 公司介绍,负责此次重组业务的投行,不建议 A 公司聘请税务师事务所,因为之前曾经有税务师将投行方案搞乱的案例。但是因重组涉税业务复杂,A 公司最后还是决定聘请税务师。

三、重组过程中出现的问题

在 A 公司重组的过程中,出现了如下问题:

(一)方案设计不合理,导致多缴税款

重组的方案设计,也试图享受有关的所得税优惠政策,但是没有注意到税法的诸多限制条件,导致重组方案需要缴纳大量税款。方案的问题,主要体现在以下两点:

1. 实施第二步的时间太早

第一步的股权无偿划转,尽管符合财税〔2014〕109 号文和国家税务总局 2015 年第 40 号公告的要求,但是,第二步搞混合所有制,引入新的投资者的时间,距离第一步无偿划转的时间不到 12 个月,导致第一步丧失享受特殊重组不征税的资格。

尽管从财税〔2014〕109 号文件的规定,看不出因为第二步就导致第一步要缴税,但是税务总局 2015 年第 40 号公告第 7 条说得非常清楚:"交易一方在股权或资产划转完成日后连续 12 个月内发生生产经营业务、公司性质、资产或股权结构等情况变化,致使股权或资产划转不再符合特殊性税务处理条件的,发生变化的交易一方应在情况发生变化的 30 日内报告其主管税务机关,同时书面通知另一方。另一方应在接到通知后 30 日内将有关变化报告其主管税务机关。"

第 8 条规定:"属于本公告第一条第(四)项规定情形的,划出方应按原划转完成时股权或资产的公允价值视同销售处理。"

C公司在划转后不到12个月，就不再被A公司100%持股，划转丧失了不征税的条件，D公司应按照转让股权计算所得征税。

2. 第三步支付对价不合规

第三步的股权收购，股权收购比例符合特殊重组的要求，但是80%的股权支付对价不符合特殊重组规定。根据财税［2009］59号文件，关于股权收购享受特殊重组待遇的硬条件之一，是股权支付比例不低于全部对价的85%。本案例中股权支付比例是80%，低于法定比例。这导致C公司在转让股权时，应就全部股权计算所得，缴纳企业所得税。

（二）时间安排不合理，导致报告修改

在A公司重组过程中，会计师、评估师、税务师这"三师"的专业服务同时进行，税务服务甚至落在后面。在税务师的尽职调查报告出具之前，会计师的审计报告、评估师的评估报告已经出具。由于税务师的尽职调查，发现了准备被装入上市公司的公司存在大量潜在的税务问题，而这些问题是会计师、评估师没有注意到的，导致会计师、评估师不得不修改其审计报告和评估报告。

重组过程中，一般都作尽职调查。尽职调查的目的是摸清家底，便于定价。影响家底和定价的因素之一，是负债。负债分为显性负债和隐性负债。对其他单位或个人的财务负债，都是显性的，都在账上趴着，审计师、评估师都可以发现。但是税务负债，即对税务局的负债，是隐性的，许多纳税人自己都不知道欠税务局多少税，只有通过税务师专门的尽职调查才可以发现，才可以找出隐性的税收负债。

审计报告的可信性，需要基于对被审计企业纳税问题的准确了解，应该在税务尽职调查报告的基础上出具相应的审计报告。评估报告的可信性，基于审计报告的准确性，如果审计报告不准，评估的基础就是不准确的,评估价格的可信性将被大打折扣。

因此,税务师、会计师、评估师这"三师"的逻辑关系,如同打牌时出牌,应有个先后顺序,不然,一把好牌也得打烂了。"三师"的工作顺序,应该是先税务,后审计,再评估。在税务尽职调查报告的基础上,出具审计报告;在审计报告的基础上,出具评估报告。

时间安排不合理,导致更严重的后果,还不是会计师、评估师不得不修改报告,而是因税务师介入时间太晚,导致重组方案不能充分享受优惠政策,增加了重组的税收成本。

(三)专业机构配合差,增加了工作量

A公司重组过程中,各专业服务机构的分工非常明确,各司其职,也经常开会通报情况,但是配合得不够,尤其是没有充分发挥税务师对其他专业服务机构的支持作用,导致出现了一些本可以避免的风险,增加了本不该发生的工作量。如投行设计方案前,因为没有征求税务师的意见,导致修改重组方案。律师在起草重组协议时,因为不熟悉税法,合同表述不符合税法的规定,导致其不断修改合同。

四、出现问题的原因

A公司重组过程中出现的上述问题,绝不是个案,而是在诸多公司并购重组过程中,均程度不同地存在过。出现上述问题的原因,还是认识问题,没有认识重组过程中涉税问题的"三性":税收问题的重要性,税收法规的复杂性,涉税服务的必要性。

(一)没有充分认识税收问题的重要性

由于证监会等部门的有关规定中,没有要求上市公司聘请专业税务服务机构出具有关涉税问题的专业报告,有关的涉税问题多由会计师、券商等代劳。由于行业惯例如此,认识不到税收问题重要

性的现象比较普遍。但是税收问题，直接涉及纳税人的税负，影响重组的成败得失，不可不重视。

（二）没有充分认识税收法规的复杂性

在中国的法律体系中，税法是最复杂、最多变的部门法之一，17个税种构成的税制体系，几乎天天有新的法规出台。2015年，财政部和国家税务总局出台的财税法规有300多项。尽管其他专业机构对税法也有一些了解，上市公司自己也可以找到有关法规，但由于税法的复杂多变，非专业人士难以全面地掌握法规、准确地理解法规、灵活地应用法规，习惯于将复杂的问题简单化，在不专业的摸索中、在想当然的期盼中、在对他人的参考中，丧失了享受优惠的机会，多缴了可以免掉的税款，埋下了补税罚款的隐患。

（三）没有充分认识涉税服务的必要性

因为涉税问题的重要性、税法的复杂多变性，导致涉税服务的必要性。尽管主管部门没有对涉税服务的硬性要求，但是在A公司聘请的五类专业服务机构中，其他四类专业服务机构都需要税务师的支持。投行需要税务师帮助制定重组方案，甚至主要参考税务师的意见。律师需要税务师帮助修订重组协议，因为重组协议是享受有关税收优惠的必要凭证。会计师的审计报告、评估师的评估报告，都需要以专业的税务尽职调查报告作为其各自报告的基础。因此，税务师不是可有可无，而是必不可少。

五、涉税服务帮助并购重组成功

对许多上市公司而言，并购重组是最复杂、最重要的经济活动，涉及复杂的税务问题。有关鼓励重组的法规，有严格的标准、苛刻的条件、复杂的程序。只有高水平的涉税专业服务，才能控制重组的涉税风险，保证重组的顺利进行。

（一）做到"三规"，享受优惠

要合法降低并购重组的税收负担，需要方案合规、程序合规、监管合规。做到"三规"，才能合法享受有关降低重组的税收优惠政策。

1. 方案合规

方案合规，是指重组方案必须符合税法关于特殊重组的要求，这些要求体现在诸多方面。以股权收购为例：

商业目的要合理，能从重组方式、实质结果、税务状况变化、财务状况变化、非居民参与等税法要求的几个角度，论证合理的商业目的。

股权收购比例和支付对价中的股权支付比例，要符合税法的要求：股权收购比例在50%以上，收购方的股权支付比例在85%以上。

股权计税基础、持有时间、经营性质、账务处理等都要符合税法的规定。账务处理，如果税法的规定与会计准则冲突，最好按照税法的规定执行，税收法规高于会计准则。

2. 程序合规

税务局是收税的，免税或不征税都是有条件的，纳税人要想不纳税，必须向税局证明自己符合免税的要求。这就需要到税局办理有关备案手续。在办理备案手续时，应提交税局要求的各种资料，如总体情况说明、合同协议、计税基础说明、承诺书等。这些资料，必须能从不同的角度证明重组符合不征税的条件。

3. 监管合规

不是到税务局办理备案手续，税务局没有提出异议就算完事了，税务局还有12个月的监管要求。因此，在重组完成后的12个月内，必须严格保证符合重组优惠的条件没有发生变化。如果发生变化，哪怕一项条件不再符合重组时的规定，就得补税。

（二）税务支持，规避风险

如上所述，投行、律师、审计师、评估师的工作，都直接或间接地需要税务师的支持。税务师的有力支持，是规避重组风险的必要条件。

影响重组方案成败的一个重要因素，是税收成本。投行在设计重组方案时，应及时充分听取税务师的意见，尽量利用既有的鼓励重组的优惠政策，合法降低税收成本。在方案设计时，应注意税法的各种细节规定，避免因为一个小问题导致方案失败。如果不能享受优惠政策，也应明确有关的税收负担，及时缴纳税款，避免以后被补税罚款。

律师在起草重组协议时，如果想要享受税收优惠政策，应按照税法的有关规定，运用税法的语言、习惯表达有关条款，让税局主管官员在读重组协议时，有读有关税法的感觉，能顺利判断重组过程是否符合有关规定。因此，律师在草拟重组合同时，也应及时找税务师帮助。

（三）税务先行，提高效率

并购重组中的涉税问题不但复杂，而且内在地具有前瞻性的要求。投行在设计重组方案时，如果提前考虑税收因素，可以避免修改重组方案。审计师在出具审计报告前，如果先有税务尽职调查报告，有助于避免调整审计报告。因此，在重组过程中，只有税务先行，才可以避免涉税风险、避免重复劳动。

在上市公司并购重组过程中的诸多经验和教训，不断地分别从正反两方面说明，一定要处理好并购重组中的涉税问题，这样才能做到规避风险、创造价值、提高效率，顺利完成重组。

税收征管

32. 大企业税收管理的三个转变

在为诸多大企业和税务机关提供涉税服务的过程中，基于对一些大企业企业管理和税务管理的观察和思考，基于对税务工作在大企业管理中作用和地位的认识，本文分别从纳税人和税务局的角度，总结出大企业税收管理的三个转变。这种转变，既是苗头，也是建议的方向，希望能对大企业提高税务管理水平、对税务局改进大企业税收管理，多少有点启发。

从纳税人的角度，大企业的税收管理，应实现以下三个转变：

由分散管理向集中管理转变；

由事后管理向事前管理转变；

由遵从管理向价值管理转变。

从税务局的角度，大企业的税收管理，应实现以下三个转变：

由属地管理适当向集中管理转变；

由征收管理适当向风险管理转变；

由税收分析适当向经济分析转变。

一、大企业税收管理环境的变化

变化都是内因和外因综合作用的结果。大企业税收管理的变化，无论是从纳税人的角度，还是从税务局的角度，都有共同的外因，纳税人和税务局之间又相互作用。纳税人自身的变化，需要税务局的管理作出相应变化；税务局的变化，又要求纳税人更加重视税务风险，加强内部管理。

（一）互联网时代的社会环境

人类已经快速地进入了互联网时代，互联网时代的以下三个特点，无论对纳税人还是对税务局，都有深刻的影响。

1. 信息交流没有时间和空间的障碍

互联网时代是信息交流没有时空障碍的时代。与以往相比，只有在互联网时代，人类才可以同时实现文字、声音、图像等各种信息的综合交流，才彻底消除了信息交流的时空障碍。智能手机的普及，相当于人人都可以成为电视台的记者，无论发生了什么事，都可以随时随地向全世界现场直播。互联网时代的大企业和税务局，发生任何有新闻价值的事情，都可能因互联网的快速传播被无限放大。

2. 各行各业都处在变革的前夜

互联网时代是革命的时代。由于信息交流的时空障碍被消除了，各行各业都面临着几乎革命性的影响。有些行业，尤其是因为信息不对称产生的行业，如货物的中间批发环节、零售环节，已经受到了电商的强力冲击。涉税数据本身就是信息，税额的计算过程、纳税的申报过程，本身就是各种信息的收集和处理过程，互联网为纳税人和税务局的管理提供了极大的便利条件，传统的管理方式面临巨大的变革。

3. 企业和个人几乎无密可保

互联网时代几乎是个透明的时代。纳税人的各种交易活动、各种财务信息都有迹可循,以往因收入和成本不实导致的税收风险很容易被发现,税收风险陡然加大。

(二)大企业自身管理的变化

大企业自身的管理,体现出集权化的趋势,集权化一般体现在以下几个方面:

1. 资金集中管理

为了提高资金使用效率、节约财务成本,许多大型企业集团通过财务公司、资金池等模式,将资金集中管理、统一使用。

2. 支出集中采购

为了降低采购成本,凡是支出项目,无论是货物、劳务还是资金,都通过集团的采购平台,集中采购。

3. 大事集中决策

原本由下级企业决定的事项,收到上级企业决策。

大企业管理中出现的集中管理趋势,是必要性和可能性共同作用的结果。集中管理的必要性在于,集中管理相当于资源在更大的空间内集中使用、在更大的空间内优化配置,有助于提高资源的使用效率。集中管理的可能性在于,互联网时代,信息交流非常方便,为集中管理提供了必要的技术支撑。

(三)税务局征收管理的变化

税务局征收管理的变化,也体现为三点:

1. 法规日益完善

税法是税局执法的依据,税收法规越来越完善,法规汇编越来越厚。法规的完善,为税局执法提供了有力的法律武器。

2. 手段日益先进

税务局采用大量先进的互联网技术,尤其是营改增之后,诸多纳税人被纳入国家税务局的增值税管理系统,金税三期的功能更加强大，为税局执法提供了强大的技术武器。例如，最近一个纳税人被其县级主管税务局通知，根据地市级主管税务局的指示，其2015年企业所得税年度申报表中，有一项8万多元的扣除项目不符合规定，不应税前扣除。如果不是运用互联网技术，这根大海中的针，是捞不出来的。

3. 国际合作加强

中国税务机关与其他国家的税务机关，包括国际知名的避税地的税务机关，不断签署各类合作协议，加强情报交换，共同打击国际避税。根据有的合作协议，中国税务机关甚至可以到他国检查有关企业的账簿资料。纳税人避税的国际空间不断被压缩。

二、从纳税人的角度：大企业税收管理的三个转变

对纳税人而言，涉税工作的目标可以概括为两个：规避风险，创造价值。纳税人自身的税收管理，如果能完成如下三个转变，有助于实现上述目标：

（一）由分散管理向集中管理转变

目前许多大企业的税收管理是分散管理，由各个纳税人自己处理涉税事项，包括一些涉税政策问题如何把握，也是各自决策，导致对同一问题的处理五花八门。

所谓由分散管理向集中管理转变，包括以下两个问题：向谁集中？集中什么？

应该向集团层面集中，最起码应做到以下五个统一：

1. 重大政策尺度集中：统一标准

尽管各地税局在执法中对某些政策问题的把握尺度不一，但是，绝大多数问题根据财政部和总局的文件，可以得出法律依据充足的结论。因为我国的税法权高度集中，该不该缴税、能不能享受优惠

等政策性问题，只有财政部和税务总局的文件才可以决定，这些文件也是各级税务局应遵守的法规。因此，对重大的政策问题如何把握，应由集团公司统一标准。

在统一标准时，应基于税法规定和稳健性的原则，确定掌握的尺度。比如，许多央企每月给离退休人员一定补助，能否在企业所得税前扣除？由于离退休人员不参加企业经营，这类补助与目前的应税收入无关了，不应该扣除。集团公司统一的标准应该是不允许扣除，至于哪个地方的税务局允许扣除，则另当别论。作为公司的政策标准，如果定为可以扣除，风险就太大了。

2. 重大制度管理集中：统一制定

尽管大企业集团内部有诸多板块，业务差别很大，但是我国的税法不是按照业务制定的，无论什么类型的企业，都统一适用《中华人民共和国企业所得税法》等各类税法。各类企业涉税问题的一致性远远大于差别性，因此，需要制定全集团适用的税收管理制度，如发票管理制度、纳税申报制度等。

3. 重大事项决策集中：统一决策

下级企业在经营过程中的重大事项，如合并、分立、收购等重组事项，一般涉及巨额税款，最好由上级公司统一决策，不得自行其是。

4. 重大人员任命集中：统一任命

对纳税人而言，税务出现问题，影响的可能不仅仅是自己。一个企业出事，可能导致税局检查其他关联企业，甚至全国联查。因此，负责税务的人员肩负着重大的责任，其工作后果，不仅是自己公司的纳税问题，还可能牵一发而动全身。因此，下级公司负责税务业务的人员，应由上级公司任命，最起码要征求上级公司的意见。

5. 日常工作管理集中：统一管理

下属企业的日常涉税工作应统一管理，如纳税申报资料的上报、日常涉税工作的监督检查等。

（二）由事后管理向事前管理转变

企业业务、财务、税务的关系是：业务比财务重要、财务比税务重要。税务是业务经营、财务核算的结果；业务决定财务，财务决定税务。所谓事后管理，就是指税务只是被动地根据业务和财务的结果申报纳税，这是许多企业税务工作的现状。

尽管业务决定税务，但是税务反作用于业务。税务应该嵌入业务环节，尤其是重大事项的决策环节、重大合同的订立环节，通过考虑税收因素、税收成本，可以降低业务风险，提高经营效果。税务管理应由事后被动地接受结果，转变为事前主动地参与业务经营和决策。

（三）由遵从管理向价值管理转变

所谓由遵从管理向价值管理转变，就是由规避风险向创造价值转变。许多纳税人的涉税工作，还停留在依法纳税层面，希望不要因少缴税，导致以后被补税罚款的风险。但是，税收优惠几乎是每个税种的法规中必不可少的组成部分，优惠政策的目的就是要降低某些纳税人，或纳税人的某些经营行为的税收负担。比如财政部和税务总局先后出台了大量鼓励并购重组的优惠政策，目的就是要消除重组的税收障碍，鼓励资源的优化配置。纳税人依法筹划，享受有关优惠政策，恰恰可以实现政策目标，实际是纳税人与税局之间的良性互动。因此，纳税人应全面理解依法纳税，依法筹划、依法节税也是依法纳税；应在遵从管理，不少缴税、规避少缴税风险的同时，依法筹划，不多缴税，创造税务价值。

大企业往往业务多元化、组织复杂化、大事常态化，尤其是并购重组等大事经常发生，依法节税的空间很大，实现由遵从管理向价值管理转变，非常迫切。

三、从税务局的角度：大企业税收管理的三个转变

税务局对纳税人的管理方式，应随着纳税人自身管理的变化、随着时代的变化而逐步适当调整。如果能实现以下三个转变，也许有助于提高税务局的管理水平。

（一）由属地管理适当向集中管理转变

税务局管理的基本方式是属地管理。所谓属地管理，就是由办理税务登记的税务机关管理。属地管理的好处是距离近，方便征纳双方，节约征纳成本。

为什么要适当集中管理？集中管理什么？

适当集中管理的原因，是大企业集团下属的成百上千家公司，尽管按照税法的规定，是成百上千个不同的纳税人，应由各自的主管税务局属地管理，但是，从大企业内部管理来看，成百上千家企业又相当于一个纳税人，因为其涉税问题有内部统一的管理、有共同的涉税诉求。因此，可以将大企业作为一个纳税人，由更高层级的税务机关，面向大企业的集团公司进行管理。

之所以说适当向集中管理转变，是指登记、发票等日常事项继续属地管理，重大政策、重大诉求应适当集中管理。由于纳税人的资金也集中管理了，以后的纳税申报也可以考虑适当集中管理。

（二）由征收管理适当向风险管理转变

税务局对纳税人管理的目标，可以分为以下层次：

一是征收管理，完成收入任务；

二是风险管理，提高遵从水平。

税收第一位的功能，是筹集财政收入，在目前仍下达收入任务

的情况下，完成收入任务无疑是税务局第一位的目标，也可以说是征管目标。

但是，税务局管理的最终目的，应该是让所有纳税人都主动遵从国家税法。因此，实施风险管理，帮助纳税人提高遵从水平，应该是税务局管理的更高层级的目标。衡量税务局征管质量的标准，不应仅仅是看征了多少税、查了多少大案要案，还应包括纳税人的遵从水平和遵从成本。税务局可以通过风险管理，提高纳税人的遵从水平，纳税人依法纳税、税务局依法征税，征纳双方共同遵循税法，实现和谐的征纳关系。

（三）由税收分析适当向经济分析转变

经济决定税收，但是税收反映经济。大企业是经济的支柱，在经济中发挥着举足轻重的作用。通过对大企业涉税数据的分析，可以进行多方面的经济分析。分析大企业的涉税数据，最起码可以发现以下几点：

1. GDP的规模和变动轨迹

如果适当修正一下企业所得税纳税申报表，加上工资、折旧等指标，可以推算一个纳税人在某个申报期创造的GDP；根据其每个月的GDP，可以发现GDP的变动轨迹；把若干大企业的数据累加起来，就可以揭示某个行业，甚至整个国民经济的发展和变动轨迹。

2. 物价的水平和变动趋势

纳税人开具的增值税专用发票，都有物品名称和数量，把不同纳税人不同月份开具的同类货物的增值税发票数据收集起来，就可以揭示某种商品物价的变动轨迹。

3. 进出口的水平和变动趋势

根据纳税人出口退税申报情况，可以发现出口规模及其变动情况；根据纳税人申报的进口增值税抵扣情况，可以发现进口规模和变动趋势。

在各经济管理部门中，税务局掌握数据的及时性、全面性、准确性，都是其他部门不能比的。如果充分发掘税收大数据的价值，完全可以对宏观经济作出科学、全面的分析和认识，对经济决策有很大的价值，也可以进一步发挥税务工作的价值。

33. 不动产和建筑业的纳税地点和主管税局

纳税人在缴税时，一不要缴错税种，二不要缴错税局，三不要缴错地方。缴错税种的问题，在营改增之前容易发生，如该缴营业税的，缴成增值税了，营改增之后这种情况就没有了。但是缴错税局，如该缴给地税局的，缴到了国税局，缴错地方，如该缴给甲地税务局的，缴到了乙地税务局，在营改增之后，反而更容易发生了，尤其是在销售不动产、提供建筑服务时。

营改增之后，销售不动产的纳税地点和主管税局发生了很大变化。房地产企业销售不动产，纳税地点由不动产所在地改为机构所在地。非房地产企业销售不动产，向不动产所在地的地税局缴纳或预缴税款，再向机构所在地的国税局履行申报程序或补缴税款。

为帮助纳税人在销售不动产、提供建筑服务时，依法确定纳税地点和主管税局，不缴错地方、不缴错税局，本文分析如下问题：

一、营业税关于纳税地点的规定

二、增值税关于纳税地点的规定

三、销售不动产的增值税纳税地点

四、提供建筑服务的增值税纳税地点

一、营业税关于纳税地点的规定

根据营业税条例，营业税应税劳务的纳税地点是机构所在地或居住地。但是建筑业、土地使用权、不动产不一样。

提供建筑劳务，纳税地点是劳务发生地。也就是在哪干活，在哪缴税。

转让或出租土地使用权，纳税地点是土地所在地。也就是土地在哪，在哪缴税。

销售、出租不动产，纳税地点是不动产所在地。也就是房子在哪，在哪缴税。

二、增值税关于纳税地点的规定

根据《财政部国家税务总局关于全面推开营业税改征增值税试点的通知》（财税［2016］36号，以下简称36号文）关于增值税纳税地点的规定，固定业户原则是机构所在地，总分机构不在同一县（市）的，分别向各自主管税局申报纳税。

非固定业户的纳税地点是应税行为发生地，如果在发生地没有申报，再向机构所在地申报纳税。

个人提供建筑服务、销售或者租赁不动产、转让自然资源使用权，基本沿用营业税的规定，向建筑服务发生地、不动产所在地、自然资源所在地主管税局申报纳税。

三、销售不动产的增值税纳税地点

销售不动产的纳税地点，根据销售方是不是房地产企业，销售的不动产是营改增之前还是之后取得的、是自建的还是非自建的，有不同的规定。

（一）房地产开发企业的纳税地点

房地产开发企业销售其自行开发的房地产项目，纳税地点是机构所在地，不要向不动产所在地税局纳税。

与房地产企业纳税地点有关的文件是36号文和《关于发布〈房地产开发企业销售自行开发的房地产项目增值税征收管理暂行办法〉的公告》（国家税务总局公告2016年第18号，以下简称18号公告）。36号文对纳税地点的规定，是机构所在地；18号公告没有在不动产所在地缴纳增值税的规定，哪怕是预缴增值税，也没有规定在不动产所在地预缴。

根据18号公告，房地产开发企业销售自行开发的房地产项目，包括自己拿地开发的项目和以接盘等形式购入未完工的房地产项目继续开发，并以自己的名义立项销售。

（二）非房地产开发企业的纳税地点

根据《国家税务总局关于发布〈纳税人转让不动产增值税征收管理暂行办法〉的公告》（国家税务总局公告2016年第14号），非房地产开发企业的纳税地点，包括机构所在地和不动产所在地，而且税局都不一样。

1. 关于纳税地点的概括性描述

向不动产所在地的地税局缴纳全部或预缴部分税款，向机构所在地的国税局履行申报程序或也缴纳部分税款。

如果转让营改增之前取得的不动产，选择简易计税，不论是否自建，都是向不动产所在地的地税局缴纳全部税款，向机构所在地的国税局履行申报程序。自建和非自建的区别在于销售额的计算不同，自建的不动产按照全额计算，非自建的不动产可以扣除购置时的原价或取得时的作价。

如果转让营业增之前取得的不动产，选择一般计税，或者是转让营改增之后取得的不动产，只能选择一般计税，不论是否自建，都是向不动产所在地的地税局预缴部分税款，再向机构所在地的国税局申报纳税。

自建和非自建的区别在于，预缴时销售额的计算不同，自建的不动产按照全额计算预缴的销售额，非自建的不动产可以扣除购置时的原价或取得时的作价，作为预缴的销售额。

2. 关于纳税地点的具体规定

根据不同情况，纳税地点的规定如下：

（1）转让营改增之前取得的不动产（非自建）——简易计税

以全部价款和价外费用扣除购置原价或取得作价后的余额，按照5%征收率计算税额，向不动产所在地的地税局预缴税款，向机构所在地的国税局申报纳税。

这里需要指出的是，5%是征收率，不是预征率，全部税款都缴在了不动产所在地，向机构所在地只是履行一个申报程序。

（2）转让营改增之前取得的不动产（自建）——简易计税

不作任何扣除，以全部价款和价外费用，按照5%征收率计算纳税。

向不动产所在地的地税局预缴全部税款，向机构所在地的国税局履行申报纳税程序。

（3）转让营改增之前取得的不动产（非自建）——一般计税

以取得的全部价款和价外费用为销售额，按照11%的税率，计算应纳税额。

以取得的全部价款和价外费用扣除购置原价或取得作价后的余额，按照5%的预征率，向不动产所在地的地税局预缴税款，向机构所在地的国税局申报纳税。

需要注意的是，这里的5%是预征率。选择一般计税方式的，在不动产所在地缴纳部分税款，在机构所在地缴纳部分税款。

（4）转让营改增之前取得的不动产（自建）——一般计税

以取得的全部价款和价外费用为销售额，按照11%的税率，计算应纳税额。

纳税人应以取得的全部价款和价外费用，按照5%的预征率，向不动产所在地的地税局预缴税款，向机构所在地的国税局申报纳税。

这种情况下，在不动产所在地和机构所在地，都需要缴纳部分税款。

（5）转让营改增之后取得的不动产（非自建）——一般计税

以取得的全部价款和价外费用为销售额，按照11%的税率，计算应纳税额。

以取得的全部价款和价外费用扣除不动产购置原价或取得作价后的余额，按照5%的预征率向不动产所在地的地税局预缴税款，向机构所在地的国税局申报纳税。

（6）转让营改增之后取得的不动产（自建）——一般计税

以取得的全部价款和价外费用为销售额，按照11%的税率，计算应纳税额。

以取得的全部价款和价外费用，按照5%的预征率向不动产所在地的地税局预缴税款，向机构所在地的国税局申报纳税。

四、提供建筑服务的增值税纳税地点

建筑业的特点之一是，服务发生地和机构所在地往往分离。36号文的附件二和《关于发布〈纳税人跨县（市、区）提供建筑服务增值税征收管理暂行办法〉的公告》（国家税务总局公告2016年第17号），规定了建筑业的纳税地点。

（一）建筑服务纳税地点的一般规定

向建筑服务发生地主管国税机关预缴税款，向机构所在地主管国税机关申报纳税。

尽管纳税地点不同，但都是向国税局纳税。

（二）一般纳税人一般计税方法的预缴

一般纳税人跨县（市、区）提供建筑服务，适用一般计税方法计税的，以取得的全部价款和价外费用扣除支付的分包款后的余额，按照2%的预征率计算应预缴税款。

（三）一般纳税人简易计税方法的预缴

一般纳税人跨县（市、区）提供建筑服务，选择适用简易计税方法计税的，以取得的全部价款和价外费用扣除支付的分包款后的余额，按照3%的征收率计算应预缴税款。

（四）小规模纳税人的预缴

小规模纳税人跨县（市、区）提供建筑服务，以取得的全部价款和价外费用扣除支付的分包款后的余额，按照3%的征收率计算应预缴税款。

需要指出的是，2%是预征率、3%是征收率，简易计税按照3%计算税额，全部在建筑服务发生地缴纳，在机构所在地只是履行申报程序。

展　望

34. 营改增之后的增值税改革探讨

近些年来的增值税改革，实际是为了完成1994年实施增值税时未完成的改革任务。1994年的《增值税暂行条例》，留下了增值税改革的两个任务：一是转型，由生产型增值税转为消费型增值税，2009年实施修订后的《增值税暂行条例》后，转型改革完成。二是扩围，将征税范围扩大到所有劳务，2016年5月1日全面实施营改增后，扩围改革基本完成。但是，尽管营改增结束，然而增值税改革还没有彻底完成。本文从专业的角度，探讨今后的增值税改革应做些什么、注意什么，供参考。从目前的情况看，完成增值税改革，还须做以下工作：简并税率、完善抵扣、统一税制、完成立法。值得注意的是，应慎用简易征收的方式。

一、简并税率

目前的增值税有四档税率：17%、13%、11%、6%，如果再加上零税率，有五档税率。多档税率有两个弊端：

一是对纳税人的投资选择和对消费者的消费选择都会产生扭曲，税收成为纳税人选择的重要考虑因素，与增值税中性的内在要求相悖。

二是低征高扣，可能导致纳税人不交税常态化。如果纳税人的进项税率是17%，销项税率是6%，在购进支出为100，进项税是17的情况下，销售收入高于283时，销项税才可能超过17，纳税人才可能缴纳增值税。增值幅度超过183%，几乎不可能。

展　望

　　因此，今后的增值税改革，应适当简并税率。1994年《增值税暂行条例》两档税率的设计就比较科学，多数货物适用标准税率17%，个别货物适用低税率13%，同时对部分货物征收消费税。这种设计，通过标准税率体现增值税的中性，通过低税率满足照顾的需要，通过消费税体现调控的意图。1994年的思路可以成为今后设计税率的重要参考。

二、完善抵扣

　　增值税的征税对象是增值额，构成增值额的因素，就是工资和利润。因此，除人工成本不得抵扣外，其他支出项目，理论上都应该抵扣。但是目前有大量不得抵扣的项目，如利息支出等。应该抵扣不得抵扣的项目，相当于把纳税人的成本变成增值额又征税了，这显然是不合理的。

　　如果是由于收入的原因限制抵扣，可以通过调整税率的方式。税率的高低，不影响税制的完善；该抵扣不让抵扣，影响税制的健全。税制设计，应尽量用不影响税制科学合理的方式，解决有关问题。

三、统一税制

　　目前的增值税，实际是两套税制，一是适用于原增值税纳税人的2009年修订的《增值税暂行条例》和《实施细则》，二是适用于营改增纳税人的财税〔2016〕36号文件。一个税种有两套税制：一个行政法规，一个部门规章。这种状况只能是改革过程中的权宜之计，不应常态化，应逐步统一成一套税制。

四、完成立法

　　增值税制度成熟之后，应完成增值税立法，由全国人大制定《中华人民共和国增值税法》。增值税是我国的主体税种,增值税立法,更有利于体现税收法定的原则。立法的前提,应该是税制的完善;在税制还不完善的情况下,如果立法,反而可能会阻碍税制的进一步完善。

五、慎用简易征收

此次全面推开营改增的 36 号文件,或许是为了解决税负增加的问题,大量使用了允许纳税人选择简易征收的方式。简易征收,对解决税负增加问题、保持税制改革平稳过渡有积极意义,但是却不利于完善税制。

营改增的目的,就是把营业税和增值税并存导致的中断的链条,再接起来,实现征税和扣税的机制,消除重复征税。简易征收的方式,尽管可以通过开具增值税专用发票解决购买方的抵扣问题,但是抵扣可能不彻底,因为简易征收的征收率一般低于税率。对销售方而言,简易征收还是不能抵扣进项税,尽管可以维持税负不变,但是难以享受减税的红利。

由于有些项目持续时间很长,允许选择简易征收导致长期使用这种方式,一个纳税人一般计税和简易征收长期并存,不但不利于税制的规范,也加大了纳税人防控税务风险的难度,一旦把简易征收项目的进项税用于抵扣了,将产生巨大的税收风险。

因此,在今后的改革中,还是要慎用简易征收。通过允许纳税人在一定时间内超税负返还的方式,或许更加合理:一是对税制规范的影响更小;二是时间可以控制,三至五年就可以完成过渡。